教師の仕事を愛する人に

for You who loves the teaching profession

佐藤博之 著
Sato Hiroyuki

高文研

◆ はじめに

わたしは大学卒業後、六年間の業界紙記者生活をへた後、中学校教師となりました。以後三〇年と六カ月、教師生活を過ごし、定年退職しました。

この間、授業と生活指導について研究・実践してきましたが、とくに生活指導については力を込めて取り組んできたつもりです。

退職してからは、福島大学と桜の聖母短期大学で「生活指導論」「生徒指導」の講座を非常勤講師として担当するかたわら、全国あちこちで講演活動を行なってきました。

しかし講演は、テーマが限定され、時間も一時間半か、長くても二時間です。それではわたしの経験や主張を充分に伝えることはできず、いつも会場を去るときはもっと語るべきことがあったのに、という思いが残りました。

そこでこの本では、わたしが実践し、考えてきたことのエッセンスを、どうしても伝えておきたいことにしぼって、まとめあげました。いわば、わたしの三〇年の教師生活の経験を凝縮したものといっていいと思います。一九八五年に出した『教師・北に生きる』（高文研）の続編という要素もあります。

いま、教育をめぐる状況は、かつてなくきびしく困難なものとなっています。しかしその中にあっても、教師の仕事を愛し、子どもたちと正面から向き合って、積極的に授業や生活指導を展開したいと考えている教師のみなさんは多いはずです。この本が、そうした人たち、とくに若い教師のみなさんの励ましになれば、と願っています。

なお、ここで述べたわたしの実践的主張は、わたしの所属する全国生活指導研究協議会の仲間や先輩から学んだものであることをお断わりします。

二〇〇〇年　一月一〇日

佐藤　博之

◉――もくじ

装丁　商業デザインセンター・松田礼一

I　子どもの見方と実践の切り口

1　今の子どもをどう見るか

◆子どもが変わったというが

今の子どもたちの激しい否定的変化については、マスコミも研究者もその傷口を大きく開いてみせています。「新たな荒れ」と呼び、一九八〇年代のツッパリに起こっていたことが、今は「普通の子」に突然起こる。いらつき、むかつき、キレる、刺す。何でもある。これらは、事実として確かにあります。

では、子どもは悪い方にばかり変わったのでしょうか。そんなことはありません。良い方に変わった点もたくさんあります。例えば――、

1、彼らの音楽的センスは抜群です。楽器も自在にかなでます。わたしなどは、歌える歌は「かれすすき」、踊りは「七つの子」と決まっています。楽器はハーモニカも吹けません。

2、彼らはめっぽう、メカに強いです。私などは手引書を片手にワープロをたどたどし

く覚えましたが、彼らはまるで猫がワープロの上を歩くようにして、分かっていくのです。

3、さらに、彼らは知的に高いといえます。だから、親や教師の言葉に簡単に乗ってきません。一見シラケていますが、本当に納得すれば立ち上がります。

このほかにも、まだたくさん良い点はあるでしょう。わたしは、子どもたちの否定的側面ばかり強調する見方には反対です。それは、決して正しい見方でも、全面的なとらえ方でもないからです。

◇子どもの本質は変わらない

さて、以上に述べたのは子どもが変わった側面ですが、一方、子どもには変化しない側面もあります。百年も二百年も変わらない側面——子どもの本質があります。

その一つは、「愛情に心を開く」ということです。わたしの妻の母親はお寺でしたから、いろんな不幸な子を預かって育てたのですが、この母の「哲学」は、「子どもはおいしいものをいっぱい食べさせて、うんとめんごがって育てれば、決して悪くならない」というものでした。わたしは、この哲学を受け継ぎ、若い教師から「どんな子なのか、よく分からない」などという相談を受けたときは、「まず、うんと可愛がること」とアドバイスすることにしています。

福島県のある小学校の若い教師は、学校から帰っていく子どもたちを一列に並べ、一人ずつ、「ダッコがいいか」「振り回してほしいか」「プロレスごっこがいいか」「高い高いがいいか」を聞き、その通りにやってあげるそうです。一番多いのは「ダッコして、振り回してほしい」ということだそうです。ぶつぶつ鼻をたらした子が出てきて「ダッコ」というと、教師はつい斜めに抱いたりするのですが、子どもはちゃんと抱けと要求するそうです。「ジャージなんか、洗濯すればいいや」と覚悟を決め、思いっきり抱いて振り回すと、納豆が糸を引いたようになり、次の子はそれを見ていて、ちゃんと拭けというそうです。一五人ぐらい続けると、くたくたになると言っていました。

ところが、そのクラスにはふとった女の子がいて、この子は必ず「高い高いをしてほしい」というそうです。教師は両足を踏んばり、両手で力いっぱい持ち上げると、目まいがする、と言っていました。彼はこれを毎日やるのです。子どもたちは心を開き、教師の指示に従うようになる、といっていました。

また、あるお母さんは、「ムギュウの時間」というのを決め、学校に出かける前の中学生の息子を思いっきり抱きしめるのだそうです。学校で喧嘩ばかり多かった子が落ち着いてきて、ある日、「お母さん、頑張ったよ！」と理科のテスト用紙をひらひらさせて持ってきたそうです。見ると五八点で、喜んだり、がっかりしたりしたそうです。山形県のM子先生という人は「抱擁タイム」という時間を設け、子どもを抱きしめ、「可愛いよ」とか「お母さんにもっと甘えな」などと、ささやくそうです。

二つは、子どもは「食べることが大好き」だ、ということです。子どものことを「餓鬼」といいますが、これは仏教用語で、人間と畜生の間の動物で、いつもお腹をすかしている動物のことです。

わたしは、日本の生活指導教師の中では一番多く、子どもと食べた教師であると自負していますが、三年生を担任すると必ず「楽しくてたまらない会」というのをやりました。今すぐやりたいことを全部書かせ（ソフトボール、サッカー、しりとりなど）、それを全部やる。その中に、今すぐ食べたいもの（カレーライス、ラーメン、アンコロ餅）を全部食べるというのがあります。わたしの家に集まる時は、私服でおしゃれをして集まることになっていて、和服を着てくる子がいます。その日は記念撮影をして、妻が用意したカレーライスやラーメンを食べるわけですが、わたしはその前に二つのことを徹底して指導しておきます。

一つは、委員長が「奥さんに対する感謝の言葉」を述べる時、「僕たちがどんなに嬉しいか、僕たちの顔を見てください」といって、笑顔を妻に向けますが、そのさい全員がいっせいに笑顔を向ける、ということです。これは、何度か練習をしておきます。

二つは、後片づけを自分たちでキチンとやるということです。三六人で食べ散らかしたものを、わたしの妻だけで片付けるとしたら、これは大変な仕事です。だから、子どもたちが当然のように片付けると、妻は感動し、「あんたのクラスの子たちはすごいね、今度はいつやるの？」と、次回を約束することにもなるのです。

自宅から学校までが一キロ足らずの下田中学に勤務していたときは子どもたちをいつでも呼ぶことができましたが、大野中学の場合は一三キロあり、夏休みに合宿するしかありませんでした。

子どもに食べさせるということは、それなりにお金がかかります。しかし、決して「損」はしません。子どもたちが食べて帰った翌日の父母は、わたしに挨拶するお辞儀の「角度」が違います。ミョウガの季節になると、食べ切れないほどのミョウガの山がわたしの家の玄関にできるのです。

食べるということは、いちばん原始的な付き合いであり、能力が劣っていて、カレーライスが食べられないということもありません。

三つは、子どもは「遊びが命」だ、ということです。わたしの学校に君島先生という若い教師がいました。彼は、お昼休みになると、必ず外に出て、子どもたちとドッジボールをやるのです。彼の子どもたちは卒業文集の狭いスペースの中に、「君島先生に一年間遊んでもらったことが中学校生活の一番の思い出です」と書き残して卒業したのです。

四つは、本当は誰でも「学びたい」と思っている、ということです。わたしは授業に出ないツッパリたちに、「あんたら、車に乗りたいがい?」と語りかけます。彼らは、「車には乗りでわい。おら、今でも夜乗ってるよ」などといいます。

「夜乗ってるのは、先生知ってるけど、本当は『免許証』が必要なんだ。先生と一緒に勉強すれば、たいしたことは出来ないが、車の免許をとる力だけは確実につけてやる。どうだ?」というと、

「なじょにすんの?」

と、必ずのってきます。わたしは、先ず「道路交通法」をコピーし、

「読めない字があったら、赤線ひいてきな」

と渡します。翌日、彼らが持ってくるプリントは、真っ赤です。わたしはそれに「かな」をふり、新しいプリントと一緒に渡します。これを二週間もくり返すと、赤が減ってくるのです。道路交通法が終わったらいくつかの問題集をやります。

テストをやり、続けて九〇点以上を三回とれば、わたしは「仮免」を出すのです。わたしが「仮免」を出したからといって、乗れるわけではありませんが、彼らは、自信をもつようです。

卒業して、実際に「免許」をとると、彼らは必ず電話をしてきます。

「先生、やったぞ」

「なに、今度は何やったの?」

「ちがう、免許とった」

「あ、そうか。本当か」

といった調子です。

どんな子でも、その子にあった内容ときっかけがあれば、学習に立ち上がります。

以上の四点は、子どもが子どもである限り百年も二百年も変わらない、子どもの本質だとわたしは確信しています。だから教師は、激しく変化する否定的側面だけに振り回されるのではなくて、子どもの肯定的側面や変わらない本質に働きかけることを先行させることが大事です。従ってわたしは教師の具体的実践の切り口を次のように考えています。

2　子どもと心を通わせる実践の切り口

◇子どもを愛し、いっしょにものを食べる

教師の仕事は、子どもと心を通わせることを抜きにしてはなりたちません。子どもと心を通わせるには、まず子どもを信頼し、子どもの信頼を得なくてはなりません。したがってその実践の切り口は、1で述べたことの裏返しになります。

そこで第一は、まず愛情を注ぐことです。すでに述べた「抱きしめる」実践は、小学校低学年ではたいへん有効な実践です。しかし、中学三年生の女の子を若い男性教師が突然抱きしめたりしては、誤解されます。文化祭で優勝し、思わず抱き合うといった場合は別ですが。

だから、愛情の注ぎ方は工夫して実践しなければなりません。わたしの場合は、教室から職員室まで、デートすることにしていました。デートコースは三つあり、教室から職員室までの最短コース。教室から一階に下り、そこから職員室に上っていく第二のコース、そして一階から三階に行き、そこから職員室に戻る最長のコース、の三つです。教室から出る時、黒板に出席番号を書いて出ます。すると、その子が走ってきて腕を組み、デートするのです。

話の長さによって、コースが決まります。わたしは、このデートで、振られたことがありません。それは、わたしの左のポケットに飴が入っていて、デートが終わると、子どもたちはそこから持っていっていいことになっていたからです。

また、教師は機会あるごとに、この学級が好きだ、みんなが可愛い、と言い続けてよい、と思います。

第二は、食べる実践です。わたしは、現場にいる頃、土日に講演があると、子どもたちに飴などお土産を買ってきました。

月曜日の一校時は「道徳」でした。わたしは子どもたちに三つの約束をさせて、食べさせることにしたものです。

一つは、道徳の時間に飴を食べたことを、決して親にしゃべるな。

二つは、隣のクラスにも言うな。

三つは、証拠を残すな。包み紙など、くず箱に捨てると必ず徳一先生に見つかる。

これらの約束をして、食べさせました。道徳の時間なので、飴をなめながら、子どもたちはガラス磨きをしました。どういうわけか、そんなときに限って、校長先生が廻ってくるのです。子どもたちは慌てて飴を口の中に隠しましたが、あの、甘い匂いだけは、消す術もなかったのです。校長は保健室に行って、

「博之先生の教室の前を通ったら、何だか甘い匂いがしたが、博之先生の糖尿も、いよいよ末期かな」

と、いったそうです。

山形の若い先生は、「メンズクラブ」というのをつくりました。何のことかと思ったら、山形の優れた「麺」について研究する。まず今回は、みなさんが、今までに食べたカップ麺の中で、一番美味しかったものを持ち寄ること、ということで、家庭科室でみんなで食べた、ということです。

一つの学年に複数の学級がある場合は全学級で食べるのが理想です。しかし、どうして

も、自分のクラスだけで食べなくてはならない時は、「見張り」をつけるとか、町に出て食べるなど、知恵をしぼって食べるのがよいでしょう。

◆いっしょに遊ぶ実践

第三は、遊ぶ実践です。福島県に菅原先生という教師がいますが、彼は新しい学校に転任すると、まず子どもたちを裸足にして、自分も裸足でズボンをまくり、校庭に出たそうです。ガラスの破片や釘や尖った瓦かけや壊れた玩具などを拾い集めました。すると、校長先生もズボンをまくって出て来たそうです。それが終わって、おにごっこをしたそうですが、近くを通った地域の人の車が何台か止まり、「おい、校庭で子どもたちが遊んでいるぞ。何年ぶりかなー」といっていたそうです。

岩手の小野寺さんという教師は、廊下で子どもと出会うと「ジャンケン」と拳をふりあげます。子どももつられて「ポン」と出し、「やった！」と、喜ぶそうです。廊下を小野寺先生が歩くと、子どたちは身構えて待つようになるそうです。たかが「ジャンケン」ですが、なぜか楽しい風景ではないでしょうか。

同じ岩手の青沢先生は子どもに出会うたびに「人生、楽しいかい？」と話しかけるそう

です。また、ある小学校の先生は、子どもたちとの出会いの日にアンパンマンの格好で教室に行き、

「先生は、実は、アンパンマンなんだ」

というそうです。小学一年生は、隣のクラスの子どもまで集まってきて、「先生、アンパンマンなんだって？」と聞くそうです。四月はアンパンマンでもつらしいですが、五月ころになると、すっかりアンパンマンだったことを忘れ、授業中うるさいと、つい怒ったりしたそうです。すると、女の子が二人、手洗い場でタオルを濡らしてきて、

「アンパンマン、顔が汚れているよ」

と、いったそうです。アンパンマンは顔が汚れると、力が出ないのです。その先生は、そのタオルで、汗と涙を拭いたといいます。

◆子どもたちの長所を最大限に生かす

第四は、授業に絶望している子への働きかけ、です。ツッパリの子たちの車への関心を利用して彼らに道路交通法を学習させたことを前に述べましたが、もう一つ注目したいのは、彼らのほとんどがエレキギターが大好きだということです。

わたしの学校に中田という生徒とその七人の子分がいて、全然授業を受けないということがありました。彼らは一〇時ごろ登校し、担任に顔を見せると、その後は保健室で新聞を読み、それから街に下っていくのでした。そこでわたしは、六月ごろから「エレキバンド部」を結成し、放送室で練習させました。ところが放送室の隣りが校長室で、うるさくて昼寝ができないというのです。六〇歳近くなると昼寝が欲しくなるのです。校長先生が昼寝できないのでは可哀想なので、視聴覚室に移りました。すると、視聴覚室を授業で使う先生から文句が出ました。彼らはいつでも勝手に使っていたからです。生徒会役員と話をつけ、生徒会室を使うことにしました。すると、今度は、

「あんな、遠い所でやっていては、学校中の不良の巣になるのではないか」

という心配が出されました。わたしは少し怒って、発言しました。

「先生方は、中田たちがエレキの練習をしていることを、悪い子が悪いことをしているように考えているんですか。あの子たちは、文化祭を成功させるために頑張っているんです」

先生方は黙りました。しかし、わたしは心配になり、練習に顔を出しました。すると、先生方が心配した通り、ツッパリ予備軍の女の子たちが踊りまくり、中田はランニングシ

ャツ一枚でエレキを弾き、それを両サイドから子分たちが下敷きで扇いでいました。扇いでいる三年生二人は進学希望の子で、担任のいうことを聞かずにいるのでした。

「先生、何とかできませんか」

と頼まれ、わたしは、中田に話をつけ、授業に出るようにさせました。

文化祭当日、中田の母親たちがたくさん集まり手拍子をして応援しました。生徒も乗ってきて、若い教師も体を動かし、わたしは驚きました。アンコールが三度あり、それを演奏した後、中田がわたしを呼び、

「先生、アンコールなんて、もうないよ。どうすっぺ」

というのです。

「一番最初にやったのをもう一度やれ」

と、わたしはいいました。これは長い曲だったので、さすがにもうアンコールはありませんでした。わたしは、音楽はまるでわからず、彼らの歌は騒音にしか聞こえません。

「彼らの歌はどうだったのですか」

と、音楽の先生にきくと、「いや、力のある、よい演奏でしたよ」というのでした。

文化祭が終わり、教頭先生がわたしに、

「先生、後、どうする？」

と、いいました。何をもって彼らを引き付けていくのか、というのです。

「タネぎれです。教頭先生、考えてください」

と、わたしは答えました。

その夜遅く、教頭先生から電話があり、

「先生、よいことを思いついたぞ、連中に特別老人ホームを慰問させるのはどうだ」

と、酔っぱらっていました。しかし、ずっと考えていてくれたのかと、わたしは嬉しくなりました。さっそく、中田たちに話しました。

「先生方は、あんたらの文化祭の演奏に感激したらしい。今度は、特別老人ホームを慰問して欲しいというんだ。ただ、特別老人だから、エレキではなくフォークギターでやって欲しい。歌も老人向けの、可愛いやつにして欲しい」

「先生、エレキとフォークギターでは、全然違うんだよ」

「エレキだって、フォークだって、横にぶら下げて弾くんだろ、同じだべ」

と、わたしがいうと、彼らは苦笑したのです。しかし、やることになりました。

途中、教頭とわたしがオーディションをしました。エレキと違ってなんとなく元気がなく、曲数も内容も貧弱でした。

「だめだな、このままでは」

と、わたしがいうと、

「こんなの、どうですか」

と、中田が「禁じられた遊び」を突然弾き出しました。それは、見事なものでした。わたしは東京での学生時代、俳優座付属養成所の男と一緒に生活していて、彼は毎晩この曲を弾き、わたしはすっかり聞き慣れていたのです。次いで勇が「戦争を知らない子どもたち」を弾き、「これは、どうですか」というのでした。

生徒会長の横田がやって来て、「大野中として慰問するなら、会長の挨拶があったほうがいいんじゃないですか」といいました。この男は「あいさつ会長」と呼ばれ、挨拶が上手でした。

二年生の、学校の坂の下の結婚式場の息子・博が「おれの落語もやらせてください」と、申し込んできました。博は自分では上手いと思っているのですが、みんなはそれほどに評価していませんでした。

「落語は、長くないか」

と、わたしがいうと、「いや、落語にも、短いのがあります。ジゲムをやります」というのです。

また、二年生の里子がきて、サイタロブシを歌いたい、といい出しました。最後に根元先生がきて、

「素人ばかりの芸ではしかたないでしょう。わたしもやります。俗に、ガマの油売り、をやります」

と、自信をみせました。こうして「大野中劇団」が結成されました。

ところが、冬休みに入って間もなく、出かける当日になって、ものすごい大雪となりました。バスもタクシーも動きません。しかし、わたしと教頭は歩いて学校に行きました。すでに、生徒会長は雪だるまのようになって来ていました。間もなく、落語の博が浴衣の尻をはしょって、座布団を抱え、坂道を登ってきました。サイタロブシの里子は父親と一緒に向こうの会場に着いているという連絡でした。ところが、肝心の主役たちが一人も来ません。わたしは、中田の家に電話しました。すると母親が出て、「夕べ、就職先の社長から電話がきて、急いで出かけました。先生に言っておいて、といわれてました」というのです。二番目のツッパリに電話すると、

「先生、おら、声が出ねぇ」

と、変な声をだしています。恋人に振られ、ウイスキーをがぶ飲みして、こんな声になったというのです。三人目の子はまだ寝ていて、「こんな日にやんのがい」というのです。わたしは腹を立てましたが、主役たちがいないのでは話にならない、ここは中止にし、三学期にやろう、と決めました。会長、博、里子、そしてホームに謝罪し、三学期にやることを了解してもらいました。

改めて連絡を取り合い、三学期早々に出かけることになりました。前日、午後、中田はわたしのところにきて、うろうろしています。

「中田、どうした？」

「先生、握手なんか求められたら、どうすんの？」

「求められたら、握手をすればいいよ」

「お金なんか包まれたら、どうすっかな」

「それは、貰っておきな」

中田は、まだもじもじしています。

「どうしたの？」

「先生、テレビはくんのがい」

「ああ、映りたいのか。どうかわからないけど、電話だけはしておくよ」

と、わたしは約束しました。テレビは来ませんでしたが、新聞社が来ました。

会長の挨拶からはじまり、根本先生のガマの油売り、中田たちのギター、サイタロ節と続き、老人たちは無表情に近い頬に涙を流しました。子どもたちはそれを見ていて、終わったとき、「先生、泣いていたよな」と、興奮気味で話したのでした。

◆子どもに語りかけ続ける

第五は、語り聞かせ、読み聞かせ、歌い聞かせの実践も有効です。

わたしは、自分が幼いころおじいさんからきいた「ざっとむかし」をそのまま、子どもたちに話しますが、子どもたちは喜んで聞きます。

読みきかせについては、わたしは「可愛そうな象」の話を読んでやります。初めのころは、肝心のところでわたしが泣き、子どもの反応がわかりませんでした。しかし、それにもめげずに読み続けました。すると、顔色や声の調子がかわらないのに、涙だけが出るようになりました。そのころになって、子どもたちが涙を流すようになったのでした。

わたしの学校に、歌の好きな明るい音楽の先生がいました。彼女は毎朝、学活の時間に歌い、子どもたちをすっかり歌好きにし、彼女のクラスの子どもたちは、オペラで喧嘩したりするのでした。

以上五点を、子どもと心を通わせる実践の切り口として有効であるとのべました。これは、教師の「やる気」と「情熱」さえあれば、特別な「方法」が分からなくても可能な実践です。また、むかしも、いまも、これからも、生きて働く有効な実践です。教師はあらゆる実践に先行して、これらに取り組むべきでしょう。子どもは必ず、明るさや意欲をみせてくれるでしょう。

それにしても、担任した学級に、すでにいじめがあったり、不登校の子がいたりすることとは、いくらでもあります。こういう問題には、決して一人で取り組まない、学年や学校の知恵と力を結集して取り組むのが原則です。ベテランの教師であっても同じです。学校のなかに「いじめ、不登校を考える会」をつくり、生徒、教師、親、誰でも希望するものが入れるよう保証し、学習や話し合いをしていくことも大切であると思います。

Ⅱ
いま求められる家庭・学校・地域の役割

このところ見られる子どもの激しい否定的変化の背景には、日本の政治・経済・社会・文化のあり方の問題が根深く横たわっています。これらを変えなければ根本的解決になりません。

しかし、根本的な解決をするまでは、何もできないということにはなりません。さまざまな困難はあっても、家庭・学校・地域のそれぞれのがんばりと協同によって、しっかりした子を育てることは可能だと確信します。

1　親・教師の二つのタイプ

◆否定面しか見ない人

わたしは、このⅡ章では家庭・学校・地域が、どのようにがんばり、どう協同すべきなのかについて述べますが、その前に親・教師の二つのタイプについて話しておきたいと思います。次の二つです。

一つは、否定的タイプ。

二つは、肯定的タイプ。

否定的タイプの親・教師は、物事や子どもを見るとき、その弱点や欠点が先ず気になるタイプです。家庭訪問などすると、うちの子は朝いつまでたっても起きてこない、ちっとも勉強しない、部屋がきたない、ご飯の時に鼻をすする、など次々に弱点を数えたてるのです。

これは、教師の場合も同じで、おらほうの校長は植木ばかりいじっているとか、教頭は来年やめるむんだがら、新しいことは何もやんねとか、学年主任は偏差値の話しかしないとか、福田先生はパチコやんねでわげさ帰ったことがないとか、あの母ちゃんは、何であんなに厚化粧なんだとか、そんな話ばかりです。

◇否定面の中に肯定面を見る

これに対し肯定的タイプの親・教師は、物事の発展的側面、子どもの良い点に目を向けるタイプです。楽天的というか、バカというか、貴重な少数派です。わたしは、このタイプの人が「親」や「教師」に向いていると信じています。だから、胸に手を当て、「自分は否定的タイプだな」と思う人は、否定的に見える側面の中にある肯定的側面を見るように努めればよいと思うのです。

朝いつまでも寝ていると見ないで、この子は寝つきのよい子で、早く寝ればいいんだ、と見る。ちっとも勉強しないというけど、自分はどうだったのか、勉強って、そんなに簡単なものではないのだ、と見る。いま、きれいな子どもの部屋ってあるのか、ご飯のときに鼻をすするのは父親似だ、と思えばいいのです。

教師の場合も、校長は植木ばかり、と見ないで、「学習環境を整えることに、興味が残っている」と見る。教頭は伝統を重くみる人なので、やたらに新しいことにとびつかないと見る。学年主任は進路に責任をもっているつもりだから、偏差値に触れないわけにはいかないんだと見る。福田先生は、心の優しい人だから、家庭にストレスを持ち込まないためにパチンコを頑張っていると見る。あの母ちゃんは何で厚化粧なのか、などといわず、「水彩」より「油絵」のほうが好きなんだべと、見てあげるということです。

子どもは、生まれたときはみんなメンゴイ子でした。親は、首がすわったとか、寝返りをうったとか、いちいち喜び、年賀状にカラーで刷り込んで、親戚中に配るのです。もらった方はそれほどでもないですが、出す方は、こんなに大きくなりましたと喜びいっぱいなのです。わたしの家の孫は、「ニンジンさん」を食べたといって「万歳」して喜んでもらっています。

このように「ニンジン万歳」で育てられた子が、小学校に入学して通信簿を一〇回ぐらいもらうと、親でさえ「見切り」をつけるのです。子どもは、傷つきます。中学生になる頃は何度も屈折し、まっすぐ人を見なくなります。子どもが何をしても、彼らは根本的には「被害者」なのだと思います。

では、子どもの健やかな成長のために、いま、家庭・学校・地域はそれぞれに、また協同して、どう頑張ればよいのでしょう。

2　家庭で考えてほしいこと

まず家庭で頑張ることとは、何でしょう。次の六点にしぼって述べてみたいと思います。
1、成長の節《ふし》を理解すること。
2、たっぷり可愛がること。
3、家族・夫婦仲良くすること。

4、父親の子育て参加。
5、未来を語ること。
6、仕事、遊び、勉強のこと。

◇子どもの成長の節《ふし》を理解する

まず、1の「成長の節を理解すること」についてですが、人間はネギのようにするすると育つのではなく、竹のように、節をきざんで成長するのです。その節を大ざっぱに分けると、一つ目の節は、三、四歳の頃です。話し言葉が出来るようになり、なんでも「自分で」やりたがります。ご飯をたべるにも、「箸」でたべたがり、口の中には五分の一ぐらいしか入りません。お母さんはボーナスで買った絨毯《じゅうたん》が気になり、きんきん騒ぎますが、絨毯よりは子どもの成長の方が大事でしょう。このころになると、友達とも遊べるようになり、指先も器用になります。

二つ目の節は小学校三、四年生の頃です。話し言葉だけでなく、書き言葉を覚えます。物事を抽象的に考えられるようにもなります。男・女を意識するのもこの時期です。また、群れをなして悪いことをして歩くのもこの頃です。

さて、三つ目の節（わたしは、うんと大ざっぱな話をしています）は、小学校高学年から、中学校にかけてです。この時期は、大人を乗り越えようとして、激しく、必死に成長する時期です。反抗期・思春期です。中学生はいま、能力主義、管理主義、受験地獄、部活地獄の中で、あえいでいます。わたしの学校の中三の女の子は、こんな歌をつくりました。

夏井川土手で子牛が遊んでるどうしてそんなのんきでいるの
テストで追い立てられている子の歌です。次は、中一の子の歌です。

何一つ思い通りにならなくてため息ばかり十三の夏
中一の夏は、部活の目鼻もつき、テストも小学校とはまるで違い、ため息が多いのです。この歌を父母の集まりで紹介したら、一人の父親が、
「先生、何一つ思うようにならないのは、中学生ばかりでねぇわい。おらも、何一つ思うようにならない四十三の秋だわい」
と言うのでした。確かにこの日本に生きて、思い通りになることなど、少ないでしょう。しかし中学生は、つらい中でも、思春期らしく、恋の歌もつくるのです。

雨の朝あの人の傘見つけたのそっと近づき後を追う朝

彼の傘はおそらく、黄色いような、ハデな傘だったのでしょう。胸をおどらせて後を追ったのでしょう。次も恋の歌です。

雨の日の体育館のさび悲しくて明日天気になればいいのに

この子は野球部の男の子が好きで、毎日体育館のてすりに顎をのせて眺めていたのです。雨が降って、野球部の練習がないのです。明日天気になればいいのに、と歌ったのです。思春期の子どもたちは、反抗しますから、一見めんごくありません。しかし、可愛がって欲しいと思っています。

◇たっぷり可愛がり、夫婦仲良くする

次に、2の「たっぷり可愛がること」についてですが、共働き夫婦の場合など、子どもに注ぐ愛情の絶対量がどうしても少なくなります。そこで、質の高い注ぎ方を工夫する必要があります。わたしはあちこちで講演を頼まれますが、最近は「共働き教師の子育てはどうすればよいか」というテーマで話してくれという依頼が出てきています。決定的な愛情不足が、今いろんな家庭で起こっています。努力と工夫が必要です。

三番目は「家族・夫婦が仲良くすること」についてです。特に夫婦が仲良くすること

が、当然ですが、うんと大切です。夫婦仲の良い家の子は、間違いをしても、立ち直りが速いです。そんなこといったって、いまさらあんな父ちゃん、なんて言わないで、どうぞ、結婚した頃のことを思い出してください。

しかし、仲の良い夫婦ほど、喧嘩もまた多いのです。夫婦喧嘩というものは、始まると、終わらなければなりません。わたしの場合は、給料日の夜によく喧嘩をしました。わたしが給料をもらって帰ると、妻は神妙な顔で、

「どうも」

なんて受け取ります。それはいいのですが、ご飯を食べ終わると、給料袋から金を出し、テーブルの上で分け始めるのです。そして、残った千円札四枚で、家計簿を見ながら扇ぐのです。それは、ごく自然な風景です。わたしの妻は「あなたの稼ぎが少ない」などと一度もいったことはありません。しかし、千円札四枚で扇がれると、わたしは何だか傷つくのです。

わたしは、千円札四枚で扇がれ、傷ついて喧嘩を売っていきましたが、どうやって終わったか。それは、妻の傷つくような言葉をグサッといって、それでわたしはスカッとしていたのです。しかし、わたしは途中で「こんなことしていてはダメだ」と気づき、最後の

捨て台詞《ぜりふ》を妻に言わせ、わたしがガマンすることにしたのです。

わたしは、六年間我慢し、そして「糖尿病」になりました。夫婦喧嘩の終わり方なんて、どちらが最後の捨て台詞をいうか、なんてことではだめだと分かりました。どのようにその場が終わっても、お互いに冷静な時に話し合えばすむことです。

しかし皆さん、どんなに激しく喧嘩しても、お互いに言ってはいけない台詞が二つあります。

一つは、相手の親の悪口を言わないことです。どういうわけか、これは、自分が言われるより、いやなんですね。

二つは、「もう愛していない」などと、心にもないことは言わない、ということです。言葉というものは、一度口から出すと取り戻せないものなんです。「愛していない」という言葉は、夫婦にとって決定的な言葉です。本当に愛していないなら、別れるしかないのです。むしろ逆に、「わたしはあなたを愛している。だから、たいていのことは我慢できる。しかし今日のあなたはひどいじゃないか」、この迫り方の方がはるかに有効です。男なんて、単純で自惚れやだから、愛してると前面に出されると、弱いのです。もう、この人を傷つけるようなことはしない、と思うのです。これは、わたしの実感です。

◆父親も子育てに参加し、未来を語る

四番目の「父親の子育て参加」についてですが、子どもが小学生の頃は、学校のことはもっぱら母親でもよかったわけですが、中学生になると、父親に出てもらわなければならない場面が出てきます。

「お父さん、今日、何時に帰ってくるかな」

「わがんねな」

「どこへいったの?」

「わがんねでば……。あの人は、鉄砲玉みだいで、出ていったらそれっきりだわ」

と、こんな会話では困ります。しかし、父親は朝早く、夜遅いのです。たまに早く帰ってくると、座布団枕でプロ野球を見ています。見ているのかと思うと、鼾《いびき》をかいています。「あら、眠っているんだ」とチャンネルを廻すと、急に起きて、「何すんだ!」と怒ります。あら起きていたんだ、とまたプロ野球に廻します。しかし、野球が終わると父親は、母親に言うのです。「どっち勝ったんだ?」

座布団枕によだれなど流している父親を見て、中二の娘は、

「お母さんは、何でこういう人と結婚したの」

などと、聞きます。こんな時の母親のフォローは大事です。「ホンとに」なんて言ってはだめです。「お父さんは、さんざん会社で働いて、疲れきっているのよ。家に帰るとすっかり安心しているのよ。安らかな寝顔だね」といってあげるべきです。娘が二階にいったら、蹴飛ばしてもいいのですから。

わたしは女子卓球部の顧問をしていましたが、恵という子がいつも職員室にやってきて書き損じの葉書をねだるのです。

「恵ちゃんは、どうして葉書集めるの？」

と聞くと、恵は鞄から葉書のファイルを出したのです。それは、父親が出稼ぎ先から恵に出した「葉書集」でした。宛名は全部恵が書き、本文だけを父親が書いたものでした。電話の声は消えますが、葉書の文字は消えません。何度も読めるし、持ち運びができます。恵は半年も父親と離れているのに、いつも父親と一緒でした。

忙しくても、工夫をすれば、父親も子どもの心に生きることができる、と思いました。

５の「未来を語ること」についてですが、子どもの前で、昨日のことや先月のこと、そして去年のことなど、ぐずぐずと、まるでホイド（ものもらい）が米をこぼしたように、ぐずっていてはなりません。子どもの前では明日のこと、来月のこと、そして来年のことなど、未来の話をたくさん語るのがよい、と思います。

しかし、今この日本に生きてどんな語るべき未来があるのかと、傷ついている人もいるでしょう。そういう人は、とりあえず、今度給料が出たら、メヒコで蟹飯でも食うか、という話でもよいでしょう。明日死ぬかと思っていた息子も、「月末、蟹飯食うのか。それ、食ってから死ぬか」と寿命が延びるのです。そして、蟹飯を食べながら、本当に日本に未来はないのか、子どもの夢を託するにたる政党は、本当にないのか、など家族で話し合ってみればいいと思います。

わたしの尊敬する、岩手の小野寺先生は、ある夜、飲んで帰ってきた小学校の教師をしている息子に、

「おやじ、ここへ来て、すわれ」

と言われたそうです。小野寺先生は言われるままに座ったそうです。すると息子は、

「あんたは、おれが小さいころ、どこかに連れていったことが、一度でもあるか」

と言ったそうです。一度もなかった、ということはないが、圧倒的に少なかったと思い、

「申しわけなかった……」

と詫びたといいます。息子は、

「分かってれば、いいんだ」

と二階に行って寝たそうです。この息子は、時々早く帰ってきては、

「おやじ、温泉に行こう（近くに温泉がある）」

と誘うそうです。小野寺先生は、

「俺たち夫婦は、子どもの前で、未来を語ることだけは、いつもやっていた。このことは胸を張っていえるし、子どもにも、その前向きさは伝わっていたと思う」

と言っていました。

わたしにも、小学校の教師をしている息子がいます。いつ座らせられるのか、覚悟しています。

ところで、子どもに、「お前を産んでよかったよ」ということを機会あるごとに伝えることが大事と思います。「お前は本当は産む予定ではなかったんだ」などと、仮に事実であっても、子どもにいうべきではありません。また、二人がなぜ結婚したかについても、照れないで話してやるべきです。

「お母さんは、なぜお父さんと結婚したの」

「お父さんはね、決して美男子ではなかったけど、健康で、やる気があって、人に誠実な人だった。そこに、お母さんひかれたのよ」

「お父さんは、何で、お母さんを選んだの」

「そうだなー、社会福祉かな」

などと照れてはいけません。正直に話してやるべきです。

◆子どもに仕事・勉強をさせるさいのポイント

最後の「仕事、遊び、勉強のこと」についてですが、まず仕事は「手伝わせて」はなりません。手伝いというのは、人がやっている仕事を補助するものです。そうではなくて、家族の一員として、仕事を「分担」させるのです。風呂の水を抜き、浴槽を洗い、水をため、沸かすのを子どもの仕事として分担させた場合、子どもが忘れたり、サボったりしたときは、誰かが替わってやってはダメです。その日は家族全員で風呂に入らない覚悟をすべきです。しかも、がみがみ怒ってはだめです。

「今日は、風呂はないんだ」

と、冷たく、事務的な目で、短く、ちらりと、見ればいいのです。どうしても何か言いたい時は、

「おばあちゃん、リューマチで、風呂がないと困るんだはな」

と、ちらりと子どもを見ればいいのです。子どもは自分が仕事を忘れたり、サボったりしたことが、どういうことか、身に染みて分かるのです。

遊びは子どもの命です。塾で遊びを奪われた子は真夜中に遊ぶといいます。友達と群れて遊べるような条件を地域の課題とすべきでしょう。

勉強についてですが、ただ「勉強しろ」と念仏のようにくり返していればよいというものではありません。本当に子どもに勉強させたい場合、子ども、父母、出来れば教師も加わって話し合い、子どもに「決意」させることが大事です。しかし子どもは、一度決意したからといって、ずっと持続して勉強するわけではありません。一番多いタイプは、三日頑張り、四日目にダウンする「三日型」の子です。子どもが四日目にダウンすると、普通の母親は怒ります。

「学校の先生にまで来てもらって決心したのに、何でたった三日でだめになるの！」

と。しかし、これは賢い母親ではありません。なぜなら、三日でだめになったことに一

番傷ついているのは、子ども本人だからです。どんなにへらちゃらした顔をしていても、「おれは、だめだなー」と、深く落ち込んでいるのです。そこに追い討ちをかけるような「何で、三日で！」というのは、決して子どもを励ますことになりません。親子万葉集という本に、中学生の歌が載っています。

欠点は自分が一番なやんでるそこを突くとは母は鬼です

子どもが一番つらく思っていることをズバッと指摘するだけでは、それこそ鬼のように映るだけだと思います。同じ歌集のなかにもう一つ中学生の歌があります。

両肩をつかんだ母の目に涙ママごめんねと素直にいえた

この母親には、十分子どもに共感する心があり、それが子どもを素直にしています。ですから、三日でだめになったと責めるのではなく、

「あなたは、決意をしたから、三日も頑張れたんだね。今度決意するときは、四日頑張れるかもしれないね」

と励ます方が、どんなにか子どもを勇気づけることでしょう。子どもは、

「よし、今度は五日頑張ってみせる」

と奮い立つことでしょう。

わたしなどは、教師で、ずるくなっていますから、四日目の放課後、子どもの肩を強くつかみ、「人生は、長いんだ。今日はお休みにしたら」と言います。子どもは、

「人を、バカにして」

と怒って帰ります。四日目ですから、つらいのです。しかし、肩先にわたしのつかんだ手の感触が残っています。彼は、わたしに対する意地だけで机に向かいます。教科書を出しますが、開いて読むわけではありません。ため息をつき、今度はシャーペンを出し、異常な集中力で芯を取り替えます。しかし、何か書くわけでもなく、大きなため息をつきます。今度は、辞書などを引っ張り出しますが、何をするわけでもありません。彼はため息ばかりで三〇分を過ごします。彼は、わたしに、三〇分勉強したと報告します。ああ、だめだったんだな、とわたしは思います。つぎの四日目、わたしはさらにどぎつく、

「この頃、天気が悪いのは、お前のせいだ。あんまり頑張ると必ず切れる。本当に、休んでいいんだよ」

と言うのです。子どもは怒って帰ります。「何だ、おらほうの先生は。他の先生は学年プラス二時間はやれといってるのに、人生は長い、休め、切れる、冗談じゃないよ」といった具合です。しかし、子どもは賢いのです。わたしの真意を見抜き、先生は自分を悪者

にして俺にやらせようとしている、とわかっていくのです。子どももさるもので、気づかぬふりをして、わたしとやりとりしながら頑張っていくのです。一カ月も過ぎると「学習の習慣」が身についてくるのです。

3　学校で考えてほしいこと

さて、家庭だけでいくら頑張っても、学校で三日でつぶされることだってあります。だから、学校でも頑張ってもらわなくてはなりません。

いま、すべての学校・教師の課題は何か。それは、「すべての子どもが、あるがままの姿で、安心して生活し、学習できる学級・学年・学校を創ること」です。そのために、次の四つのことに共通して取り組みを進めなくてはなりません。この四点は、荒れたわたしの学校でわたしが生徒指導主任として提案した内容でもあります。

一つは、体罰・暴力の一掃です。

二つは、ふれあいの強化です。

三つは、行事の工夫です。そして、
四つは、児童会・生徒会の活性化です。

◆体罰を一掃する

まず「体罰・暴力の一掃」についてですが、体罰は指導ではありません。「罪」に対する「罰」です。世の中では、罪を犯せば罰せられます。しかし、罰が決まるまでには、自分の主張もできるし、弁護人もつきます。決まったことに不満であれば、三回はやり直しが可能です。しかし、子どもに体罰を加える教師は、まるで「神」のようにふるまうのです。しかも、「体罰こそ厳しい指導だ」という確信犯もいるのです。東京学芸大の深谷教授の調査では、小学校時代に体罰された子どもの九割以上が納得していません。つまり、体罰は、指導として成立していないということです。

体罰で育つ子どもは「面従腹背」の奴隷のような人格の持ち主になります。体罰する教師は、前の日に「指導案」を書き、今日はA君を二つ殴る、などと決めて、一、二と殴ることなどありません。体罰は、いつでも「出たとこ勝負」です。先ず一発やり、子どもが不満気な顔をすると、二発目がいきます。三発目からは、リズムに乗り、とどまる術がなくなります。

わたしは、職員室で教師が子どもを殴るとき、後ろから抱きとめました。わたしに抱きとめられ、泣いた五〇代の教師がいます。教師が子どもを殴るときは指導に絶望し、傷ついているのだと思いました。職員室で殴る教師がなくなると、廊下で「正座」させられることが多くなりました。すると、わたしの学級の子どもたちが一緒に座り、「応援」するようになりました。これはわたしが、わたしの学級の女の子が職員室で正座させられたとき一緒に正座したのを見て、真似をしたものでした。最後まで残ったのは部活での暴力でした。子どもたちは、わたしの下足箱の靴の中に手紙を入れるようになりました。
○○部の○○先生は部活の時に暴力を使っている。時間は○時○分頃、場所は体育館。私がチクッたと分かると困るので、先生は係なんだから、自分で見つけるように、という内容でした。その時間に行ってみると、確かにやっているのです。わたしはその教師を校長室に呼び、「あんたは、わたしの提案に賛成しながら、ちっとも変わっていないが、どうしたんだ」と父親のような説教をするのでした。
三〇代の暴力教師は、真夜中に生徒たちに呼び出され、刀や木刀で取り囲まれ、あおくなって、「暴力やめろ」といったそうです。生徒たちは笑い、「いま、何て言ったんだ?

もう一度言ってみろ」といったそうです。

千葉からきた教師はどうしても体罰をやめず、わたしは、現場にカメラを持参して、「どうしてもやめないなら、わたしは、写すよ」といいました。

そんなことをやっていると、浮くよ、とか、「票」が減るよ、といってくれる友人がいました。しかし、わたしは、浮くことを恐れません。浮くこともできない人間が、どうやって沈むのだ、と思っていたからです。「票」が減るのは、福島県教組の副委員長候補としては困ることでした。しかし、目の前の子どもの人権も守れない教師が、どうやって一万五千の組合員を守れるのか、という思いがありました。

もう一人の教師は、母親に説教されて体罰をやめたのです。ツッパリたちは毎日、母親に電話をし、

「おめげの息子はなんだじゅなぐ（理由もなく）人をはだぐがら、やめさせろ。おれらは、木魚でねぇんだ」

と訴えたらしいのです。老いても気丈の母親は息子を正座させ、

「ひとげの子どもを、なんだじゅなぐ、はだぐでね！」

と叱ったといいます。彼は、わたしや生徒に、「五〇になったら、体罰を止める」と宣

言し、実際に止めました。止めただけでなく、体罰を使わなくとも子どもを動かす方法を考えるようになりました。彼の学級の子どもたちは、学期末の「学級自慢大会」で、

「わたしらの担任は、優しい先生です」

と紹介したのです。教師は、変わるのです。

◇「ふれあい月間」の試み

二つ目の「ふれあいの強化」についてですが、最近の職員室では、ほとんどの教師がワープロやパソコンに向かっています。子どもたちは、教師の後ろに立って、ワープロを見ながら話します。教師もワープロから目を離さずに話します。これでは子どもの心に触れるような話は出来ません。そこで、わたしは「ふれあい月間」を提案しました。毎日何人かの子どもと、心に触れるような話をするという内容でした。先生方は、昼食時に楽しそうに話していました。

気分をよくしたわたしは、「子どもとふれあいを強化するという教師の心意気を示す意味で、坂道をアクセルいっぱいふかして車で上ってくるのはやめ、生徒と一緒に上ってく

るようにしよう」という提案をしたのです。すると、賛成したのは、校長一人でした。後で気がついたのですが、車の免許をもたないのが、校長とわたしだけでした。だから、負け犬が吠えているような感じだったのだと思います。しかし、調査の結果は、「教師とゆっくり話したことがある」と答えた子どもが一〇〇人のうち六人しかいなかったのです。これには、教師たちもショックをうけ、車を降り、歩くようになったのです。

三学期末、まったく同じ調査を同じ子どもたちに実施しましたが、「教師とゆっくり話したことがある」と答えた生徒が六人から六七人に増えたのでした。普通の学校になったのです。

◆行事のもつ教育力を生かす

三つ目は「行事の工夫」です。

学校五日制の進行につれて、子どもたちの喜ぶ行事が次々とカットされてきました。しかし、行事は子どもたちに感動を与え、その内面を豊かにする大切な教育であるわけです。民主主義を教える上でも不可欠なものです。

減ったとはいっても、今でも学期に一度ぐらいは「行事」が残っています。これを工夫し、内容豊かなものにすることは、とても大切です。入学式、新入生歓迎会、修学旅行、現場学習、陸上大会、夏休みのキャンプ、校内水泳大会・球技大会、文化祭、三年生を送る会、卒業式などの行事を大切にしていきたいものです。

しかし、「行事」を提案する教師は、なぜか元気がありません。

「目的、読んどいてください」

というのは、まだ良いほうです。

「目的、カットします。内容、去年と同じです」

といった、いかにも事務的で、情熱のカケラも感じられない提案が多くなりました。

そして、夏休みや冬休みに入る前にはどの学校でも「〇休み中の生徒心得」というプリントが出ます。そこには細かい禁止事項が七五も載っています。真面目な先生は、それを教室で、一番から読み、説明するのです。しかし、七番あたりまで説明すると、

「こうだに、いっぺんに説明しても、わがんねべな」

と、当然のことに気づきます。説明が独り言のようになり、子どもは、誰も聞いていません。そうなると、さすがに諦め、

「読んでおけ」

と、プリントを生徒に配ります。男の子などは、プリントがそのまま鞄の底で四月頃まで眠ります。几帳面な女の子などは、赤線を引き、机の前に張ったりします。ただ、子どもにとってあまり役に立たないこのプリントも、校長の命を救うことがあります。何か重大な事故などあると、校長は教育委員会に呼び出され、

「あんたのとこは、どんな指導をしたのかね」

と尋問されます。すると、校長は鞄の中からゆっくりとくだんのプリントを出し、

「〇休みに入る前に、担任を通して指導しました。二七番目に出ています」

と提示します。指導した証拠があるわけですから、それ以上校長を責めるわけにはいきません。

しかし、七五の禁止事項より、一つの感動的行事を成功させたほうが、はるかに有意義です。

わたしの学校の一年生は夏休みのキャンプが学校行事になっていました。わたしの学年の父母は、

「先生、忙しい中でのキャンプだから、複雑なことはやんなくていい。火を大きく燃や

す。これで成功だから」

というのでした。なるほど、とわたしも乗り、当日は大型トラックで材木や薪を運び、それを井げたに組み、石油をかけ、消防署には「火事ではないですから」と断り、点火しました。巨大な炎となり、なんぼしっちゃっても（下がっても）熱くていられないほどでした。

校長先生が、シーツをまとい、「火の神」になって登場します。しかし、おらほうの校長は「ひ」と「し」の区別が出来ないのです。巫女《みこ》たちに火を分け与える時、

「汝らに、しをあたえる！」

というのです。しかし、子どもたちは笑いません。あらかじめ、わたしは話しておくのです。

「この仙台平のキャンプ場には昔から言い伝えがあって、『火の神の儀式』が終わるまで、何があっても黙っていると、自分の思いが好きな人に届くんだって」

と。いまの子はそういう世界を信じるらしく、校長に「し」（死）を与えられても、じっと我慢し、うつむいているのでした。たまたま学年主任がお坊さんで、彼は炎の前に進んで般若心経をあげました。わたしは三〇年以上教師をやってきましたが、キャンプでお経

を聞いたのはこの一回だけです。そして驚いたのは、お経というものは何にでも合うなということです。つまり、内容は誰も分からず、最後のほうに「大野中学校……」とあると、ああ、大野中学校のためにやってくれたのだと、とても有難く聞こえるのでした。子どもたちは、校長に「死」を与えられ、学年主任に「お経」をあげられて、いよいよ「お化け大会」ですから、ムードは最高でした。

わたしは、お化けの役でした。

「博之先生は、化粧なんてしなくても、そのままでいいがら」

などといわれ、さすがに傷ついたりして、それでもバケツに冷たい水を汲み、両手を冷やし、真っ暗いなかで、女の子の足をつかみました。女の子たちは、面白いほど驚いてくれ、オシッコをちびったりしました。

子どもたちは、キャンプの二週間も前から、やきそばにするか、焼肉にするか、豚汁もいいべ、などと、男女が対立して泣いたり、吠えたりし、ご免なさい、などと仲直りしたりして、キャンプの話ばかりです。終わると、誰ちゃんはせっかく作った豚汁につまずいて、ひっくり返してしまったとか、誰君の鼾がひどくて眠れなかったとか、あの歯ぎしりは誰ちゃんだったとか、キャンプの話ばかりです。悪いことをするななど一言もいわなくても一カ月はもつのです。七五の禁止事項より、一つの行事を盛り上げるほうが、どれだけすぐれているか分かります。

◇生徒会もいじめ問題に取り組める

最後は「児童会・生徒会の活性化」についてです。

私の学級に新子という子がいました。小学校五年生と六年生の二学期まで不登校だった子で、中学校に入ってわたしのクラスになり、ジャンケンで負け、班長になりました。その彼女がある日、班長ノートにこんなことを書いてきたのです。

「私は、毎日、二組の真由美さんに励ましの手紙を書いています。真由美さんは、学級のみんなから、シカトされています。私は、真由美さんの気持ちがよくわかるので、手紙を書いています」

わたしは驚き、このことからヒントを得て、学級の班長会を中心に、「いじめられっ子を励ます会」（ＩＨＫ）を作りました。ＩＨＫの仕事は次の二つでした。

一つは、学校中のいじめられっ子を見つけ、励ましの手紙を書くこと。

二つは、ＩＨＫのメンバーに生徒会役員や各学級の実力者に加わってもらうこと。

ＩＨＫは次第に広がっていき、そのメンバーが学年の半分以上になってきた頃、活動を一つ増やしました。それは、いじめの現場を発見したら、一〇人以上で取り巻き、

「あら、あら、あら」

と、声を出すことにしたのです。ただ声を出すだけといっても、これは意外にむずかしく、何度も練習してようやく出来た活動でした。そしてこれは、大変効果的でした。

しかし、これだけではなくならないいじめがありました。

義勝は頭が異様に大きく、昔あった「福助たび」の広告に出てくる男の子のようでした。スイカと呼ばれ、左足が五センチぐらい短く、踵《かかと》の高い靴をはいて均整をとっていました。その義勝の頭を多くの子どもたちが通りすがりにたたくのです。義勝はそのたびに泣き、つまりいつも泣いていました。国語の時間に後ろから義勝の頭にライターで火をつけた子がいて、国語の先生が職員室に連れてきて顔を真っ赤にして怒っていました。

わたしは義勝を呼び、

「あんた、学活で、頭をたたくの、やめて欲しいって、発言してみないか。あんたが勇気もって発言したら、先生、責任もって、あんたの味方一〇人つくるよ」

と話しました。義勝は首を振り、出来ないと言いました。

「じゃ、先生、あんたのこと一番たたく子を呼んで、やめるよう話すから、先生のそばにいること、できるか」

というと、義勝はまた首を振りました。怖いというのです。

「そうか。では、毎日、誰に、どこで、何されたか、それを書いて、先生に出して帰る。これ、できるか」

義勝は、首を縦に振りました。彼はわたしが渡したノートに、その日あったことを書き出して帰りました。こうして、彼は毎日「いじめられ日記」を書き続けましたが、二週間ぐらいして、何だか明るい感じになりました。わたしが昼休み時、タバコを吸っていると、職員室に入ってきて、

「先生、オレ、便所に行って、いじめらっちぇくっから」

というのです。そして、便所でいじめられ、顔を洗ったり、洋服を拭いたりして、出てくるのです。

ある日、義勝が親指と薬指だけでノートに字を書いていました。見ると、人差し指と中指が血だらけでした。左手も同じでした。武道館で、両手で竹刀を持って立たされ、それ

をみんなでたたいたというのです。わたしは、生徒会執行部の子どもたちを集め、ノートを見せました。

「この学校に、こんなにやられている友達がいる。あんたら、どう思うか」

と、みんなの顔を見回しました。すると、会長の大和田が、

「先生、おいらでやっから、やりかたを教えてください」

と言いました。いま、福島県内の中学校の生徒会で、いじめの問題を出され、「俺たちでやる」と答えることの出来る執行部がいくつあるだろうか。大和田たちは、四月からいろんな生徒会独自の活動を全校に提案し、一つひとつ成功させてきていました。だから彼らは自信をもっていたし、他の生徒たちも生徒会を信頼していたのです。

執行部は、臨時生徒総会を開き、「大野中学校のすべての生徒が安心して生活し、学習できる学校をつくるために、暴力やいじめをなくす決議」を採択し、生徒会の中に「暴力いじめ対策委員会」をつくることになりました。

わたしは、職員会議で「対策委員」を選ぶ基準を三つ提案しました。

一つ、とにかく、体格のいい子。

二つ、発言力のある、町会議員のような子。

三つ、心のやさしい子。

初めての「対策委員会」に出席して、わたしは、よくもまあ、こんな大男がうちの学校にいたのか、と驚きました。会は、委員長を決め、活動内容について、次回に各学級の話し合いの結果を持ち寄る、ということで別れました。

こうして総会を開き、委員会を何度か開いた、ただそれだけで、わたしの学校はその後の七カ月間（新一年生が入ってくるまで）暴力・いじめが潮が引くようになくなったのです。

いじめているのは子どもです。いじめられているのも子どもです。いじめは子どもどうしの問題です。大人や教師が解決したのでは、問題はなくなっても、子どもに民主的な力は育ちません。いじめられている子には、問題を民主的に考える（自分の人権が侵されていると教える）ことと、民主的解決・行動の仕方（みんなに訴え、世論の力でなくしていく）と、その力を育てなくてはなりません。

いじめている子についても、なんだじゅなぐ（理由もなく）いじめているわけではありません。抱えきれない不幸に負け、いじめの行動に出ているのです。だから、その子の不幸を理解し、共感しながらも、「自分の人生は、自分で切り開くんだ」と強く生きること、それへの励ましを惜しまないこと、そしてその子の不幸にみんなが気付き、励ましを送れるよう、導くことが必要です。いじめられている子も、いじめている子も、共に民主的な考え方と行動の仕方を学んでこそ、いじめ問題の解決となるのです。その点、わたしの実践は、生徒会が問題として取り上げ、解決していったのはよいのですが、いじめている子の不幸について、まるで配慮がありません。

教師のやることは、すべてがうまくいったり、すべてが失敗ということはないのです。

4　地域で考えてほしいこと

◆地域の人たちへの三つの要望

地域の人たちに取り組んでほしいことについて、述べます。

一つは、地域の子どもの名前を覚えることです。

二つは、年に三回以上学校行事に参加し、親たちのまとまった力を子どもたちに見せる必要があります。

三つは、祭りに結集することです。

まず一つ目の「子どもの名前を覚える」ためには、学校の大きさが最低「校長先生が一年間で全生徒の名前が覚えられる」規模であること、学級の生徒数も最低三〇人以下であること、などが前提です。

二つ目は、積極的に学校に出かけ、教師と協同して、感動的な行事を創りあげてほしいということです。

◇地域の民主化をすすめるために

さて、三つ目はお祭りに結集する問題です。とくに、地域に残る青年団を活性化させる必要があります。わたしの地域では「農業」から「労働者」になっていった人がほとんどですが、みんなが町の誘致工場で働いています。農業はつぶれても、農民・農家は生きています。地域に残る青年も増えています。この青年たちを結集させ、新しい文化を創っていくことが大切です。

わたしは退職後、「こども御輿《みこし》」の幹事長として「渡御《とぎょ》コース」の改善に取り組み、五〇数万の出費をなくしたり、また大世話人として、祭りのお金は全体でいくらで「飲み代」はいくらか、など「決算報告」を公表する、などに取り組んでいます。

また、町が建設を始めた一般廃棄物の最終処分場に反対し、「ふるさとを守る会」を結成し、町長候補を立ててたたかい、四三％の得票で善戦しました。ところがその町長が翌年死亡し、今度はわたし自身が町長候補としてたたかうことになりました。敗れはしましたが、退職後の生活指導教師の生き方に一石を投じたと評価する人もいました。

以上のようなそれぞれの場での取り組みの上に、さらに家庭・学校・地域が協同して頑張ることは、教育行政や町の行政を動かす大きな力になります。

わたしたちは、水道が壊れたら役場に改善を求めます。電気が止まったらすぐ電力会社に電話します。子どもがおかしければ、校長や教育委員会に改善を求めるよう、協同の要求をすべきでしょう。能力主義、受験地獄、管理主義、部活地獄などの問題について、正してゆかなければなりません。

また、いじめ、不登校などの問題について、生徒会・教職員、父母の協同の学習を創りあげることも今日的課題となるでしょう。

III　自治を育てる学級づくり

1　新しい学級を持ったら

◆どんな子ども像を望むのか

教師の仕事は、言うまでもなく子どもを育てることです。では、教師はどんな子どもを育てればよいのでしょうか。それはもちろん、教師の恣意的な好みで育てるわけではありません。「あいさつ」がよくできたり、廊下を静かに歩いたり、服装がキチンとしていると、もう教育の半分が終わったように喜ぶ教師がいます。

しかし、教師が育てるべき子どもは、憲法と教育基本法で決めてあります。それは、ひと言でいえば、「平和的で、民主的で、文化的な子」を育てる、ということです。すべての学校、すべての教師が、思想や方法の違いを越えて取り組まなくてはならない課題です。

学級づくりは、この「民主的人間」を育てる分野を受け持っています。

わたしなどは、民主的人間は民主的集団の中で育つ、民主的行為・行動を通して民主的認識が育つ、と学んできました。したがって、学級を民主的集団に育て、その中で個人を育てていく、という方法を基本にしています。

このことを前提にして、わたしの「学級づくり」について、述べていきたいと思います。

◇出会いの演出

さて、四月は教師にとって子どもたちとの出会いの季節です。漫然と出会うのか、それとも十分に準備をしての出会いなのか、その差でずいぶん違った出会いになります。

わたしは、十分な努力と準備をして、なにがあっても驚かない余裕をもつように調査もして子どもたちを迎えます。初めの頃は、四月六日（あるいは七日）にだけ着る背広を用意したり、学級で話す内容を細かく推敲《すいこう》したりしました。しかし、わたしの場合、何を着てどう立っていても、また何を話しても、第一印象が悪いのでした。これは、毎年そうなのです。

わたしは、服装や顔の表情や話の内容については子どもたちが不快にならない程度にとどめ、もっと別なところで「勝負」しようと考えるようになりました。わたしの努力や誠意や、やる気が、時間がたつほどに、ずしんと伝わっていくような、そんな出会いを、と思ったのです。

実際にわたしがやったことは、子どもの名前と顔を完全に覚え切ってから出会うということでした。一三年間いた大野中学校には、五つの小学校から子どもたちが集まってきます。名前を覚えるためには、五つの小学校からアルバムやスナップ写真を借りてこなくてはなりません。その折に文集や作品（美術、習字など）も借りてきます。名前と顔を覚え、作品や文集もみて、さらに抄本も調べ、学級のイメージも創って学級に臨みますから、意外な子がいて、その子のために学級開きがぶちこわしになった、などということは、わたしの場合一度もありません。

名前と顔をまるで受験生のように暗記して覚えると、それが嬉しくて、試さずにはおれません。最初の時間、学級で子どもたちを全員起立させ、ネームを隠させます。そして、一人ずつ、指さし、名前を呼んで座らせていきます。最後の一人が座ると、子どもたちの間から、必ず拍手が湧いたものでした。

◇先生は「星」から来た！

しかしわたしは、もっと自然に、さりげなくやる方法はないかと考え、最後にもった一年生の時は、まだ担任の発表がない自分のクラスにカメラを持っていき、

「はい、写してやるよ」

と、カメラを構えました。子どもたちは賑やかに集まりました。わたしは、さりげなく、

「直次は、帽子をとって。太はそこでは写らない。文子、孝子、洋子はもっと左に寄って。あら、敏子がいないな、どうしたの？」

と、子どもたちの名前を呼んでいきます。子どもたちはぎくりとします。

「先生、なんで、おいらの名前知ってんのい？」

と聞いてくる子がいます。わたしは、声を落とし、

「先生は、星から来たんだ。だから、地球のことは、だいたい知ってるよ。だけどこれは、誰にも話してはダメ。星に帰らなくてはならなくなるからね」

といって、廊下に出ます。しつこいのがいて、廊下に出てきて、

「先生、何ていう星から来たの」

と聞くのです。

「うめぼし、っていうんだ」

と答えて、わたしは帰ってきます。教室は笑い声で賑やかになります。

入学式が終わり、すべての教師が登壇し、担任と教科の紹介があります。

「二年一組担任、佐藤博之先生」

と紹介があると、一組の子どもたちが割れるような拍手をし、父母の席がどよめきます。なぜ、拍手が起こるのか。それは、わたしがあらかじめ頼んでおくからです。小さい子、大きい子、真ん中の子を呼んで、

「担任の発表があったら、歓迎の意味をこめて大きな拍手をしてくれる？」

と、話しておくのです。当時、わたしのいた学校には、担任発表があると拍手が起こる教師が七人いました。この教師たちは、生徒に頼んだりしませんから本物でしょう。では、わたしは、頼まないと拍手は起こらないのか。そんなことはありません。拍手は起こります。ただ、父母の席がどよめくような拍手は、演出がないと起こらないのです。

◆まず「良いところ」を見る

次にわたしは、教室に帰ってあいさつをし、「佐藤先生の良いところ」という題で、作文を書かせます。

「良い点を五つ、書いてください。分からない人は手を挙げなさい。先生が教えます」と付け加えます。子どもたちは、あちこちで手を挙げますが、結構三つぐらいまでは書いているのでした。わたしは、それを日刊の通信に載せ、毎日父母に届けます。父母は、一カ月以上、「佐藤先生の良いところ」を読まされていますから、わたしが家庭訪問に出かけると、もうずっと前から知っているような顔をして、にこにこして出てきます。

そういう顔に会うと、「がんばるぞ」という決意が、胸のあたりから、ヘソのあたりまで降りてくる感じになるのです。

わたしは、子どもたちに今度は、「自分の良いところ」という題で作文を書かせます。そのときも、

「良い点を五つ、書きなさい。分からない人は手を挙げなさい。先生が教えてあげます」

というのです。子どもたちは、「反省」を書かせるといっぱい書きますが、「良い点」など、あまり書き慣れていません。あちこちで手が挙がります。

「あなた、土の匂いが大好きだというんでしょう。これは、たいへん良い点ですよ。日曜日に家にいたことがないほど、自転車で遊びまわるなんて、これも良い点です。それからあんた、お祖母ちゃん好きで、肩を叩くんだって。ほら、四つもあるでしょう」

と作文で読んだ知識が役立ちます。子どもの方は、とても驚いた顔をして、わたしを見上げます。わたしはなぜ、自分の良い点や子どもの良い点を先ず書かせるのか。それは、人間やものごとを見るときの基本を教えるつもりの実践なのです。

◇文句なしに楽しいことから

新一年生の場合、わたしは四月いっぱいは「文句なしに楽しいこと」を続けることにしていました。理由は、彼らの八〇％は感動もさしたる期待もなく入学してくるからです。わたしは小六の子どもに話をすることが何度かありましたが、その折には必ず彼らに質問をしました。次の三つの選択肢から一つを選ばせたのです。

① 早く中学生になりたい。夢と希望でいっぱいだ。

② 中学生なんかになりたくない。いまのままでいたい。

③ しかたあんめ。

結果は、①が六％、②が一四％、③が八〇％といったところが、普通の小学校でした。中学校が慢性的に荒れている学区内の小学生は、全員が②に手を挙げたことがありました。

こうしたことが頭にあって、わたしは子どもたちに、「中学校も楽しいじゃないか」「おじん先生もやるじゃないか」という思いを強烈に植えつけたい、と考えていたのです。「班対抗団結ポーズ大会（どの班が一番仲良さそうに映っているかで勝負）」「班対抗アッチムイテホイ大会」「班対抗バランスくずし大会」「山歩き（兎とり）」「合同班対抗サッカー・ソフトボール大会」などをやっていきます。わたしの学校は四月初めは全体の時間割ができなくて、やたら「学級の時間」が多かったのです。

以上は新一年生の場合ですが、むずかしいのは二年生を担任したときです。クラス編成替えがあり、一年生の折にうまくいったクラスや、失敗したクラス、明るいクラスや沼のようなクラスなどがごちゃまぜになっているからです。この場合、担任は「明るいクラス」や「成功したクラス」の「やる気のある子」を中心にして、早期に学級の雰囲気をつくっていくことが大事です。

それに対して、三年生を担任した場合は比較的容易です。それは、彼らのなかに、「今年で終わりだなー」という思いや、「少しは勉強すっか」などという思いもあるので、「最後の行事」や「学習の取り組み」などが通りやすいからです。

2　学級で「取り組む」ということ

◆枯れ木に花を咲かせる

さて、子どもたちが明るくなり、元気や意欲が出てきたら、「取り組み」が可能です。わたしの場合、「枯れ木に花を咲かせましょう」という取り組みをやります。それは、班単位に頑張り、それに応じて花が咲いていくというものです。どんな行為の花が何個咲くかの基準は次の通りです。

(1)　班全員が遅刻しなかった（花二〇個）
(2)　授業中、班で分からないところを質問した（花三〇個）
(3)　社会の時間、佐藤先生の荷物や眼鏡を運んで手伝った（花一〇個）
(4)　お昼を一番早く食べ始めた（花二〇個）
(5)　班ノートを忘れず出した（花三〇個）
(6)　班新聞を発行した（花五〇個）

▼取り組み期間一〇日間（四月〇日から〇日まで）
▼取り組みが終わったら、満開の花の下で、ダンゴを食べます（ダンゴ代は先生負担）

班のどんな行動に何個の花が咲くかを見れば、その教師が学級に何を望んでいるかが分かります。注意してほしいのは、花が、短期間で、ぱっと咲くように配慮すること、一番多く咲いた班に賞を出すこと、です。

さて、子どもたちは景気よく花を咲かせていましたが、一班の班長の高一がきて、

「先生、だめです。僕ら六班に絶対勝てません」

というのでした。

「どうして、絶対勝てないんだ？」

「六班は、手洗い場に一番近いです。僕らは一番遠いです。お昼を食べ始めるのが、六班に負けます」

「そうか。なるほど……。しかし、勝つ方法はあるよ」

「えっ、どうやって勝つんですか？」

「あんたら、手を洗ってから食べるから、負けるんだ。手なんか洗わなくとも、死ぬわけじゃないでしょう。手を洗わないで、食べなさい。絶対、勝つ」

「そうか。よしっ」

と、高一は肩をいからして、出ていきました。

一班は数学の先生がまだ教室から出ていかないのに、全員で弁当を出し、

「いただきまぁす！」

と、食べ始めたそうです。

これは、帰りの学活で問題になりました。六班の班長の正が立って、

「先生、手を洗わないで食べるの、いいんですか」

「いや、悪いんじゃないの」

「花は咲くんですか」

「花は、咲くよ。一番早く食べ始めたんだからね」

と、わたしがいうと、一班の高一班長は、にやり、としました。

「しかし、手を洗わないのは、いいんですか」

と、六班。

「それは、悪いんじゃないか」

「それなのに、何で花が咲くんですか」

「いや、花は、咲くよ。早かったんだからね」

と、わたしがくり返していると、四班の太郎が立ちました。

「先生、初めから、ハンデのある内容で競争させるのが間違いなんですよ。だから、こんなことになるんです」

と、指摘しました。

「そうだな。先生の提案が間違っていた。賛成して始めた君らも間違っていた。いくら先生の提案でも、うのみにするな」

と、わたしは言いました。

この頃になってくると、「一組は明るくて元気がいいが、音楽の先生をバカにして授業にならないそうだ」といった声がわたしに届いてくるのでした。

それでわたしは、安易に「授業中静かにする（注意される数を班〇回以内に抑える）」という提案をして取り組みました。子どもらは必死に取り組み成功させましたが、わたしは途中でこの取り組みの失敗に気づきました。へらちゃらした子どもたちが、この目標を守るために死んだようになってしまうのでした。「〇〇しない」という否定形の取り組みは消極的で、子どもを殺してしまうのです。「〇〇をしよう」という肯定形の取り組みの方がはるかに積極的です。「授業中、班で二回以上発言しよう」といった取り組みのほうが優れています。

わたしの学級は明るく元気で、取り組みがあれば「やる気」を出して頑張る、というクラスになっていきました。

◆陸上大会でビリになったクラス

「一学期の山場は、陸上大会」というのが、わたしの学年の先生方の考えていることでした。ところが、調べてみると、わたしの学級がビリになる可能性が濃厚でした。走り幅跳び以外はことごとく駄目でした。そこで、わたしは、「今度の大会は総合四位になる」という提案をしました。「四位なんていう目標、聞いたこと、ね」と子どもたちは怒り出しました。

「じゃ、目標は何位にするの」

「目標は、一位か二位だべ。四位なんて、ふざけてるよ」

と、子どもたちは言い張りました。しかし、ビリだべなーと、わたしは思い、学級旗の部門で優勝させて慰めよう、と覚悟をきめました。マンガの好きな子が何人かいて、その子たちとわたしでデザインを決め、仕事を進めました。

大会当日、わたしの学級は一日中走り廻って、ビリでした。他の学級は、万歳をしたり、胴上げをしたり、記念撮影をしたりしていました。わたしも写真ぐらい撮ってやろうとしましたが、子どたちは泣いていて、写ろうとしないのでした。

学級旗の審査が遅れ、一組の優勝が決まったのは、子どもたちの帰った後でした。

わたしは、子どもたち一人ひとりに電話し、学級旗の優勝を伝えていきました。しかし、一日中走り廻ってのビリショックは、学級旗の優勝ぐらいでは慰めようがないことに気づきました。

◇「学級全員一〇〇点」に取り組む

わたしは、悩みました。一学期の最後にきて、落ち込んだまま夏休みに入っていくのは、何とも耐え難いことでした。そこで、どのクラスも出来ないことを一組でやり、自信を取り戻して夏休みに入りたい、と考えました。

そのころわたしは、社会の授業の中で「一斉問答」を「復習」中心にやっており、それが一五溜まると「一五問テスト」を実施し、社会科新聞を通して学級間競争をやっていました。普通に実施すると、一〇〇点をとる子が一四、五人でした。担任の教師が、「頑張れ」などと声をかけたりして励ますと、一〇〇点をとる子は二〇人ぐらいに増加します。班長などが援助して頑張ると、二六人ぐらいが一〇〇点になります。しかしこの辺が限度で、三六人全員が一〇〇点という経験は一度もありませんでした。わたしは学級に、「社会科一五問テストで、全員一〇〇点をとる」という提案をしました。どの学級も出来ていないこの目標について、子どもたちは勇躍して取り組むことになりました。

しかし、考えてみると、わたしの学級には、非常に困難な子が二人いました。由美子は、いわゆる「特殊学級」から来た子で、三つ教えると三つ覚えるのですが、次の三つに移ると前の三つをきれいに忘れてしまうのです。その繰り返しなのです。

もう一人は敏夫です。この子は、普通にやれば出来るのですが、学校に来ないのです。敏夫が学校にくると、その留守に母親が浮気をするのです。浮気の相手を敏夫は知っていて、彼が家にくると、怒鳴って追い返すのです。敏夫は学校にきても、一〇時頃になると、帰ってしまいます。

わたしは、授業が終わると、職員室に戻らずに自分の学級に行き、由美子に練習をつけていました。すると、女の子たちが集まり、いろんなヒントを出して応援するのでした。わたしは、朝の会で、友達のために朝、休み時間、昼休み、部活の前など、空いている時間に援助してもいいという子を「援助者集団」として立候補してもらいました。一七人が立候補しました。由美子には亀山がつきました。敏夫には家が近い大竹和夫とわたしがつくことになりました。お互いがペアになり、練習する光景が見られるようになりました。

そんなある日の夕方、部活を終えたわたしは、教室の戸締まりに出かけました。すると、薄暗い教室の黒板の前に、由美子と亀山がいました。亀山がわたしに言いました。

「先生、由美ちゃんは、やれば出来るんだよ」

口で言うとできるようになったので、黒板に書いているのだとのことでした。見ると、万葉仮名のような字がいっぱい並んでいました。

一方、敏夫の家には大きな犬がいて、客に対して吠えたてるのです。大竹の話では、この犬はアンパンが好きで、特にあんこのところが好みだから、あんを包んでいるパンの部分を取って渡すと、絶対に吠えたりしなくなる、とのことでした。わたしは、途中でアンパンを買い、パンのところを取って、犬に渡し、中に入れてもらいました。

◆美しい子どもたち

「先生、やってください。もう大丈夫です」

と、委員長の文が来ました。七月なかばの父母の授業参観の日に実施することにしました。

前日、由美子は全部できた、といいます。敏夫も出てくることを約束していました。ところが、当日朝、由美子は七つしか出来ない、と女の子たちは夢中で練習をつけました。お昼休み、亀山が職員室に来ました。そして、

「先生、七番の問題をいう時、天井を見てくれませんか」

というのです。

「天井を見るのか？」

「はい。そうすると、由美ちゃん、思い出すんです。それでも、鉛筆が動かない時は、天ぷらじゃないよ、って言ってください。そうすると、由美ちゃん、完ぺきです」

「そうか。しかし、カンニングじゃないか」

「先生は」

と亀山はわたしを睨み、

「学級が、これほど盛り上がっているとき、そのぐらいのヒントも出せないんですか！」

といいました。わたしは、その通りだと思い、

「わかった。天井、天ぷら、だな」

と、約束しました。

五時間目が参観でした。教室に入ると、うしろに父母たちがぎっしりつまっていました。全員一〇〇点に挑戦することを、通信を通して知っているのでした。

わたしは、短冊型の紙を配り、一番から問題を読み、子どもたちは解答を書いていきました。七番の問題になりました。

「聖武天皇の頃の文化を何文化といいますか」

といって、由美子を見ました。鉛筆が動きません。わたしが天井を見ても、わたしの方を見ないのです。亀山は、わたしを見、鉛筆で机を、とんとんと叩きました。

「天ぷらじゃないよ」

と、わたしは言いました。とたんに由美子の鉛筆が動きました。由美子はわたしを見、親指と人差し指で○をつくり、バッチシだと知らせるのでした。

子どもたちは、答案を交換し、わたしのいう答えに合わせ採点しました。集められた答案の一〇〇点の数を、わたしは数えていきました。三六人全員が一〇〇点でした。子どもたちは、とびあがって、「やった！」とこぶしを突き出したり、拍手をしたりして興奮し歓声をあげました。

◇父母も泣いた〝五つの拍手〟

わたしは、「四つの拍手」を贈って、子どもたちをねぎらいました。

「……一つ目の拍手は、班長と学級委員のみなさんに贈ります。立ってください。

みなさんは覚えているでしょう。あの陸上大会で最下位だった日のことを。先生がカメラを向けると、レンズに写ったどの顔も、みんな泣いていましたね。しかし、みなさんは、その悔しさをバネにして、一五問テストの新記録を重ね、とうとう全員一〇〇点を実現させました。この一年一組の、すばらしい機関車である班長と役員の皆さんに、尊敬と感謝をこめて、大きな拍手を贈りましょう。

二つ目の拍手は、遅れがちな友達のために、援助し、力を貸してくれた援助者集団のみなさんに贈ります。どうぞ、立ってください。

遊びたい時もあったでしょう。部活の先輩から、文句も言われたことでしょう。でも、みなさんは、それを乗り越えて、頑張りました。決めたことは必ず守るというきびしさと、友達への熱い思いが、みなさんを支えていたのだと思います。皆さんは、一組の宝です。このすばらしい友達に、熱い友情と連帯の拍手を贈りましょう。

さて、三つ目の拍手です。

この人に贈ります。亀山さん、由美子さん、立ってください。亀山さんのあの教え方には、先生も学びました。あなたは、あの薄暗い教室の黒板の前で、「由美子さんはやればできるんだ」といいましたね。あの言葉がどれほど先生を勇気づけたことでしょう。そして、由美子さん。どんなに亀山さんが頑張っても、あなたがその気にならなければどうしようもありません。あなたは、亀山さんの援助に応えて、ほんとうによく頑張りました。『天平文化』、苦労したね。さあ、美しいこの二人に暖かい拍手を贈りましょう。

四つ目の拍手は、学級全員に贈ります。さあ、立ってください。わたしの大好きなみなさん。みなさんは、わたしの誇りです。みなさんは、わたしの指導を受け入れ、今日まで本当によくがんばりました。たった一度しかない中学時代の生活に、みなさんは今日、オール一〇〇点という、素晴らしい記念碑を打ち立てました。これからも、みんなで励まし合い、力を合わせて、素晴らしい学校生活をつくりあげていきましょう。大きな拍手で、そのことを確認しましょう！」

わたしは、何度かこみあげながら、この四つの拍手をやりました。子どもたちも、父母たちも涙を流しました。しばらくして、

「先生……」

と、文が立ちました。

「五つ目の拍手、いいですか」

子どもたちは大きな拍手をしました。

「五つ目の拍手を、先生に贈ります。オジンで、いつもタバコ臭い先生。ときどき意地

悪な先生。でも……」

文は泣き出しました。泣き続ける文を見て、典子と一郎が同時に立ちました。一郎を見て、典子は座りました。

「僕が、続けます。……ウメボシから来た、精神年齢二四歳の先生。先生は、わがままな僕たちを、ぐいぐい引っ張っていく、不思議な力があります。馬鹿らしいけど、本当に、星から来たのかも、と思ってしまいます。僕たちの尊敬する、マホーの力を持った先生に、うんとでっかい拍手を贈ります！」

3　自治を育てる

◆リーダーを育てる

学級を民主的につくりあげていくということは、別な側面からみれば「自治」的集団を育てていくということです。いつもいつも教師が大将ではなくて、教師に替わるリーダーが学級集団の中から登場するということです。そのように、教師が導くということです。最近、子どものリーダーがいないとか、小粒になったなどと嘆く教師がいますが、リーダーは自然に出てくるものではありません。育てるものです。したがって、リーダーがいなくなったのではなく、育てる教師がいなくなったのです。リーダーが小粒になったのではなく、教師が小粒になったのです。

では、リーダーをどのように育てればいいのか。わたしの場合、まず公的に選ばれてきた、学級役員、班長などに対し、リーダーとしての考え方と行動の仕方を教えます。それと同時に、リーダーを選ぶ方に対する指導（どんなリーダーが優れていて、どんなリーダーをリコールすべきかを教える）と、二つの指導をするわけです。

さらに、公的に選ばれなくとも、教師から見て、リーダーの素質をもっているな、と思う子にはたらきかけ、立ち上がりを求めていきます。

さて、リーダーとしてまず選ばれてくる子はどんな子なのだろう。それは、他の生徒に対し、何らかの影響力のある子だと考えます。それは、次のような条件です。

①　役員・班長などの経験者（小学校時代）

②　知的で、発言力のある子

③　体力があり、スポーツが得意
④　美人である
⑤　明るくひょうきんである
⑥　家柄がよい子

こうした条件は「影響力」の点であげたもので、すべてが良い影響力であるわけではありません。しかし、教育的、肯定的にその影響力を用いながら、否定的側面は学級集団の力でそぎ落としていけばいいのです。

わたしはまず、公的に選ばれてきたものに対し、リーダーそのものの指導を開始します。たとえば「全校一斉花見昼食」がある場合、わたしは委員長の文を呼び、

「これは、桜の花の下で、楽しく食べればいいんだけど、おそらく小戸神小学校からきた真由美さんは、一人でぽつんと食べると思う。そんな時は、文ちゃん、側で食べてくれないか」

と、頼みます。つまり〈みんなとは違う考え方、みんなとは違う行動の仕方〉を要求します。学級のなかに一人ぽっちで寂しい人をつくらないという考え方と、側に座るという行動が要求されます。文にも、一緒に食べたい人がいるはずです。しかし、それは、「押

さえる」のです。だから、リーダーはある程度「自己犠牲」に耐える力が必要です。しかしまた、そのなかでリーダーとしての喜びや価値にも気づくのです。

文は、みんなが座るのを見渡します。そして、真由美が一人でぽつんと座っているのに驚きます。〈先生は、どうしてこのことを、知っていたのだろう。あの先生は、おっかない顔だけど、本当は優しい人なのかな〉などと考えたりします。

「一緒に食べていい？」

と、文は真由美のそばに座ります。真由美は、はじらいながら、ぱっと嬉しそうな顔になります。真由美は、バスケットボール部に入りたいと思っていることやマリーゴールドの花をいっぱい咲かせるのが好きなこと、などが分かります。文もバスケに入る予定であることやサイクリングが大好きなこと、などを話します。文は、今まで何も知らなかった真由美に好感をもつのです。

また「班対抗アッチムイテホイ大会」をやることが決まると、わたしは班長たちを集め、こう頼みます。

「先生は、この大会を、もちろん班の団結を高めるために開くわけだが、個人的には一班の勇一君をスターにしたいと思っているんだ。彼は、ふだんはしょぼくれてるけど、アッチムイテホイだけは滅法強い。彼が勝ち進んだら、あんたら、大声で応援してほしいんだ。盛り上げてくれ」

このように「ことあるたび」に、その前後に話をし、思いや目当てを共有できるようにしていきます。

◆挨拶の仕方も教える

次に具体的な細かなことも、一つずつ、そのつど教えます。みんなに話をする時はみんなが見える場所に立つこと。大きい声でゆっくり話すこと。挨拶がキチンとできること。学級総会での挨拶、班対抗○○大会での挨拶など、その場に応じての挨拶ができること、さらにはお悔やみの述べ方、焼香の仕方、弔辞の読み方などなど、です。

とくに、わたしの地域では、挨拶が大事です。地域では、秋祭りの青年団長の挨拶、運動会での教育長の挨拶、文化祭での区長・町長の挨拶、歓・送迎会での校長の挨拶など、熱心に聞き、「あれはよかった」とか「あれは、出来そこねだ」などと、一年中話題になるのです。だから、挨拶をする方は、十分考え、草稿も書き、練習もして、挨拶に臨むのです。

ずっと昔、わたしの同級生が青年団長になり、初めての挨拶が「花見」での挨拶でした。彼は、前日の夜、草稿を書き、練習して、当日に臨みました。鳥打帽子のなかに草稿を隠し、忘れた時は覗けるようにしておきました。母親は重箱に煮しめをつめ、一番前の席に陣取って、挨拶を待ちました。彼は、鳥打帽子をとって裏返しにして目の前に置き、挨拶を始めました。

「学校の桜も、いよいよ満開となり」

と、そこまで言い、後を忘れてしまいました。「モトイ」と自分に号令をかけ、

「学校の桜も」

と、声を張り上げました。すると、一番前に座っていた母親が顔を赤くしてうつむくのが目に入りました。彼は鳥打帽子の中の草稿を見ましたが、霞《かす》んで見えません。

「学校の桜も」

と、三回繰り返しました。すると、右端に座っていた長老が、

「そうだどごは、抜がしてやれ」

と、いいました。

「いやー。ぶっつぉごねだ。みなさん、ゆっくら、やっとごれ」

といって彼は挨拶を終わったのです。わたしの地域では三〇年以上前のこの話を〈学校の桜〉と呼んで、笑い話にしているのです。

わたしの母も、婦人会の集まりで「閉会の辞」をやった、と興奮して帰ってきました。小学校にも行かなかった明治生まれの母がどんな挨拶をしたのか、心配した中学生のわたしは、

「おっかさ、なじょった挨拶したのぃ?」

と、追いかけ回したのです。しかし、「そっちでやれ、こっちでやれって、おっつけまわして、誰もやる人いなくて、会が終わんねがら、仕方ね、おれ、やったわん」と言うだけで、話した内容を言いません。わたしは隣の「おっかさ」にききました。すると、「いい、挨拶だったぞい」と、教えてくれました。わたしの母は、つかつかと出て行き、

「これにて、閉会としやす」

と言って、会を閉じたというのです。簡単明瞭、これ以上の「閉会の辞」はなかった、と好評でした。地域では、短い無駄のない挨拶として、「おげんさんの閉会の辞」を語りついでいます。

◆リーダーを選ぶ側も指導する

次に、リーダーを選ぶ側の指導について述べたいと思います。この地区での児童会の会長選挙の多くは「人気」や「かっこよさ」で選ぶのが普通でした。「政策」で選ぶ、というのは少ないのでした。国政選挙でも、「人気」は大きな要素となっています。「人気」で選ぶことを小学校でくり返すことは決して無駄ではありません。中学校にきて、「政策で選ぶ」選挙に、はやく慣れてくるからです。しかし、今は中学校の生徒会長選挙でも、「人気」に逆戻りしています。

わたしは、もっと身近なところから、選ぶ方の指導を始めます。たとえば清掃の時、わたしは、班長に大きな声で号令し、整列させ、一人ひとりに役割を指示し、きちんと掃除させることを要求します。「班長は命令するのが仕事だ。小使いではないんだ」と徹底させるのです。班員たちは、最初こうした毅然とした命令を歓迎します。何をやればよいかはっきりしますし、掃除もうまくいくからです。しかし、そのうちに班長に対し批判するようになります。「たいした気してる」「何で自分はやんねんだ」といった不満です。

そこで彼らは、自分が班長に立候補する時、「命令だけする班長でなく、優しく援助もできる班長になります」と主張するようになります。選ぶ方の質が高まると、選ばれる方の質も高まるのです。その国のリーダーは、その国の国民の質を示すのです。その国の「民主主義度」の反映です。

わたしは、平和の問題に筋を通し、弱者・国民の命や暮らしを守る先頭に立つリーダーを求めています。子どもの今日的リーダー像はどうでしょう。学校や教師の不当な行為に対しては、生徒の利益を守る先頭に立つ、また問題によっては学校や教師と共同して問題解決に当たるリーダーであり、いじめや暴力にたじろがない正義感とやさしさをもったリーダーであればいいと考えます。

このような、リーダー指導は、一学期の初めから始め、二学期には教師から相対的に自立したリーダーになるよう導きたいものです。

◇二学期の始まりは「くずれ」とのたたかいから

さて、二学期は実は夏休み中の指導から始まっていると思います。夏休み中に何もしない学級と、キャンプやサイクリングや合宿や学習会などを組織した学級では、立ち直りが違います。なにも出来ない学級でも、教師が全員に手紙を書くといったことは、最低可能です。

どんなに頑張っても、子どもたちは「くずれて」登校してきます。なぜ、子どもは夏休みにくずれるのか。それは、朝食の時間がくずれるところから始まると、わたしは思っています。

二学期は長いのです。教師は構え深く、姿勢低く、子どもと対応する覚悟が大事です。わたしの学校では、夏休み明けの子どもたちの体をしゃきっとさせるねらいで校内水泳大会を実施してきましたが、ある年、体育主任が「今年の大会は、学年ごとにやってほしい」と提案してきました。理由は、「三年生の女子は誰もプールに入らない。そんな、ぶざまな姿を一、二年生に見せたくない」というものでした。

三学年の主任は、わたしでした。そこで三学年の教師たちは頑張り、三組の女子以外の全員参加を実現し、感動的大会にしていったことがありました。教師の「指導」によって、プールに入ることぐらいは、いくらでも可能だ、と実践的に証明したのでした。

◆二学期の〝山場〟は文化祭

二学期の山場は「文化祭」です。この取り組みを通して班長会を自立させていく見通しを確立したいものです。教師の力を借りず、班長会だけでできるものは、遊びや班対抗のゲームやスポーツです。誕生会なども、最初の一、二回を教師がやれば、後は任せて大丈夫です。

班長会にとって、一番難しく、一番大切な力は「学級を分析する力」と、そこから導き出す「課題とそれを解決する取り組み」の具体化です。これを班長会がやりきるためには、教師と協同して、学級の前進している点は何か、弱点は何か、何を伸ばし、何を解決しなければならないか、などについて、日常的に話し合う習慣が必要です。つまり、教師はものの見方、感じ方、考え方を具体的問題に即して教えていかなければなりません。

このことを「文化祭」を通して、学級の何を伸ばし、何に挑戦するか、など班長会に取り組ませてみたいものです。もちろん教師は、いつでも「修正案」を準備しておく必要があります。

わたしの学年に、文化祭学級展示で、「原爆ドーム作るからな」と〝宣言〟し、さっさと空き缶捜しに出かけた教師がいました。集めてきた空き缶を一人で洗っていると、冷たさで手が真っ赤になりました。手伝いにきたクラスの女の子が、

「先生、ゲンバクドームって、何？」

と質問し、彼はショックを受けます。

翌日、彼は自分の持っているあらゆる原爆の資料を学級に展示します。この学級の子どもたちは、ドーム建設に熱中していきます。このクラスは、始めから終わりまで、教師がリーダーでした。これはこれで教師中心の楽しい学級でした。しかし、教師から相対的に自立したリーダー集団の確立という点では弱いのでした。

文化祭の内容そのものは、合唱、学級発表、有志発表など、固定化の傾向にあります。わたしの学校の特色は「教師の発表」や「父母の発表」、そして「演劇部」の発表などでした。しかし、最近は、学級で劇を一日二回発表したとか、フィナーレに力を入れ、「四つの拍手」で各係の労をねぎらったり、電気を消して蠟燭の明かりをともし、執行部が新執行部にひきついだりと、生徒会が前に出る内容に変わってきているといいます。いいな、と思う光景は、教師と教師が抱き合ったり、子どもと教師が抱き合ったりする姿がビデオに出てくることです。

郡内を見ると、「仮装行列」などカーニバル的馬鹿騒ぎの残っている学校もあれば、体育祭的要素の色濃い学校もあり、また教科や自由研究の発表が中心の学校もあります。全国的に、学期を通した「学級づくり」や年間を通したそれが皆無に近くなる中で、生徒会行事の「最後の砦」ともいうべき「文化祭」への取り組みが多彩になっていくのは喜ばしいことです。

◆三学期は〝涙の季節〟

三学期は〝涙の季節〟です。三年生を十分泣かせましょう。そのためには「三年生を送る会」に、どんなに忙しくとも一、二年生の力を結集したいものです。わたしの学年で、二週間でオペレッタを成功させたことがありました。三年生を泣かせる条件としては、

①音楽があること。とくに、三年生に思い出深い曲が入ること。

②三年生の三年間の主な思い出やエピソードを劇化すること。

③呼びかけがあること。先輩一人ひとりに、それにふさわしい後輩が語りかけること。

④音楽と感謝と励ましの言葉があること。

などが入っていることが大切だと思います。

卒業式についてですが、日の丸、君が代が「国旗」「国歌」として現場に押しつけられ、多くの人が敗北感で卒業式のすべてを諦めることが多いと聞きます。しかし卒業式のねらいの中には、必ず「卒業する喜びと厳粛さを表現する」とあります。厳粛さについて

は、服装、姿勢、無言、四角、直角の歩行など、力を入れて指導します。しかし「喜び」の表現はどこにあるのでしょう。どこにもありません。そのことを指摘し、提案していかなければなりません。

喜びの表現とは何でしょう。それは――

①卒業証書を一人ずつ受け取る。
②校長が一人ひとりに励ましの言葉、その子にふさわしい言葉をかける。内容は担任からあらかじめ聞いておいてもよい。
③子どもたちにゆかりの音楽がある。
④父母への感謝の表現がある。
⑤答辞の作成を生徒代表の委員会で原案をつくり、複数で読む、など。
⑥式場の装飾を、暖かく、優しさと励ましに満ちたものにする。

このほかにもいろいろあるでしょう。

◆最後の学活

そして、最後の学活に工夫を入れましょう。卒業式が終わり、教室で証書などを受け取ります。一、二年生は見送りの準備に入ります。その間の時間が最後の学活です。

わたしは、子どもたちに手紙を渡し、子どもたちはわたしに手紙を残すということをやったりしました。また、子ども一人ひとりが教卓の前に立ち、学級のみんなに一言、別れの言葉をのべるというのもやりました。誠というツッパリが、

「俺は、ここが好きだった。俺は、ここを動きたくない」

と言って、立ちつくしたこともありました。そして、こらえきれず、「先生、みんな」と言って泣き出したのでした。

この最後の学活は、少し時間がかかるので、その点を配慮しておく必要があります。

Ⅳ　苦悩する子に取り組む

1　「食べ物を盗む子」への全校での取り組み

◆父親の挫折と転落

勝男は小学校時代から学校を逃げ出し、たびたび万引きをくり返していたそうです。万引きするものの中には必ず「食べ物」が入っていました。他家に侵入する場合でも、台所に残っているカレーライスを食べたり、冷蔵庫の中のギョーザを食べるといったことが多いのでした。金をとった場合でも、必ず食べ物を買うのでした。

勝男は頭の真ん中に大きな火傷《やけど》のあとがあり、「河童」と呼ばれるたびに友達と喧嘩しました。

「好きでハゲでんでねぇ！」

と、どんな相手にもつかみかかるのでした。学校を逃げ出した時でも、勝男は神社の境内、農家のたばこ小屋など、居る場所はだいたい決まっていました。

中一、二年と勝男を担任した杉本先生は、「おにぎり」をつくり続け、下着やジャンパーを用意し、給食費（牛乳代）、副教材費、遠足費、宿泊訓練の代金など、一四万円ほどを立て替え、雨の日は必ず迎えに行きました。バス賃がないことを知っていたからでした。杉本先生は勝男にビクトル・ユーゴーの『レ・ミゼラブル』を読ませたりもしました。

勝男の家は戦後の自作農でしたが、減反が進む中で父親は農業に見切りをつけ、田畑を手放し、木材製材工場を始めたのです。何年かは順調で、人を雇ったりもしていましたが、「外材」におされて失敗し、今度は「茸」の栽培を始めました。しかしこれも「価格」の値下がりで失敗し、数百万の借金が残りました。もともと内臓の弱い父親の入退院が続き、母親が町の誘致工場に働きに出ましたが、五人の子どもを養うことが出来ず、「生活保護」を受けることになりました。

父親がパチンコ狂いになったのはこの頃からだったといいます。ビニールの袋に茸をつめ、町の食堂などに売って、その金でパチンコをやるのです。勝っても負けても安酒を飲み、はぶりの良かった製材工場時代の話をするのでした。この父親は、パチンコをやらない日は、赤いトタン屋根の小さな押しつぶされたような家のコタツで横になっていました。風が吹くたびにガタガタと音をたて、内部は座りようもない汚なさでした。

◆修学旅行に行かず家出した勝男

勝男や父親にわたしが直接かかわるようになったのは、わたしが全校の「生徒指導主任」になってからでした。

勝男は三年になり、修学旅行を迎えました。新しく勝男の担任になっていた大田先生は、勝男の旅行費を立て替え、小遣いも与え、前日夜には家庭訪問もして参加を約束させていたのですが、当日の朝、勝男は姿を見せず、行方をくらませてしまいました。大田先生の落胆ぶりは気の毒なほどでした。

大田先生には他の子どもたちと出発してもらうことにして、残った教頭とわたしで、勝男を捜すことにしました。町内のパチンコ屋を何件か廻って、父親を見つけ、話をすると、「そのうち、出てくる」といって、驚いた顔もせず、母親の工場に出向いても、「夕方にはくっぱい（戻ってくる）」といった調子でした。そこには、諦めと深い絶望が色濃くありました。教頭とわたしは町内の思い当たる場所を捜し歩きました。しかし、夜の一一時頃まで捜し廻っても、勝男は見つかりませんでした。

二日目の午後になっても勝男は出てきません。大田先生は東京から電話でいくつかの捜す場所を指示してくれましたが、そこにも居ませんでした。教頭が捜索願いを出そうということで、パチンコ屋にいた父親に相談しましたが、「そのうち出てくる」と応じませんでした。さらに三日目になっても、勝男は出てきませんでした。

わたしは朝から勝男の家に出向きましたが、父親も母親も居ませんでした。近所の人の話では、二人は朝早く出かけたとのことでした。さすがに息子のことが気になって、捜しに出でかけたのだとわたしは思いました。

しかし、三時間目の空き時間にパチンコ屋に行って見ると、父親はたばこをくゆらせながら足を組み、台とにらめっこをしていました。わたしは、突然むしょうに腹が立ち、近づいて父親の腕を握り、店外に引きずり出しました。

「何すんだ、お前!」

と、父親は怒りました。

「あんた、パチンコやめろ!」

と、わたしも大声を出しました。

「俺の金で、俺が遊んで、どこが悪いんだ!」

と、怒鳴るのでした。

〈杉本先生は十万円も立て替えているんだ。俺の金とは何だ！〉と言いたいのをやっとこらえ、自分自身をなだめるように、いいました。

「父ちゃん、あんた、パチンコで、少しはもうかっているの？」

すると、父親も、

「ちっとは、な」

と、低い声になるのでした。

勝男は三日目の夕方、みんなが修学旅行から帰ってきた時刻に家に帰りました。大田先生の与えた五〇〇〇円の小遣いは、全部使い果たしていました。

◆勝男に対する取り組みの方針

〈一人の子の指導にすべての教師の力を！〉という勝男に対する指導方針をわたしが提案したのは、それから三日後でした。

わたしの提案で、職員会議で討論になったのは、勝男とその行動をどう見るか、という点でした。わたしの提案では、勝男は、いま、

1、生活のリズムが狂ってしまっている。
2、授業をあきらめ、絶望している。
が、注目してよい行動として、「食べ物」を万引きすることをあげ、「それは、勝男の行動がその『人間的資質』によるものではなく、親と家庭の貧しさにこそ原因があることを示している」と結んでいました。これに対し、「貧しいことは事実だが、勝男の弟はちゃんとしているし、兄さんも就職して頑張っている。むしろ、勝男の人間的資質が問題ではないか」という意見が出ました。結局、ここでは職員の意思統一は出来ませんでしたが、どう指導するかという具体的提案については、全員が賛成しました。その提案内容は次のようなものでした。

勝男の指導を考える場合、次の三点が手がかりになるのではないか。
1、学級にくると話をする級友がいるし、勝男を心配する級友もいる。「交わり」の糸がつながっていること。
2、本人は「施設」にコリているらしく、二度と行きたくないと、強く思っていること。

3、両親も、何とかしたい、施設に送りたくないと思っていること。

これは、担任教師としては学級の子どもたちと一緒に力を合わせて指導に当たれるということであり、勝男自身も「施設」に行かない生活を何とか確立しなければと思っているということです。そしてこの点での協力は、両親にも期待できるということです。

勝男も成長し、やがて、一人の大人として仕事をし、結婚し、真面目に生きることになります。そのために、教師として、最低限次のようなことを頭に入れておきたい。

1、体を丈夫にする。

2、車の「免許」が取れるぐらいの学力は身につけさせること。

3、友人と普通に交わる能力を身につけさせること。

提案はさらに、〈両親に頑張ってもらうこと〉〈担任が頑張ること〉〈教科の教師が頑張ること〉〈学年教師が頑張ること〉〈すべての教師が頑張ること〉〈校長先生が頑張ること〉などの項目について、細かく触れていました。

このうち担任と校長が頑張ることは、次のようになっていました。

〈担任が頑張ること〉

1、諦めないこと。二一回裏切られたら、二二回、信じること。

2、家庭訪問を繰り返し、親の信頼と協力を得ること。
3、学級の大切な仕事を与え、学級に「必要な人間」として、自分にも、他の生徒にも認めさせていくように見通しをもつこと。
4、親や家庭がどうあろうと、勝男の人生は彼自身のものであり、自分で切り拓かなくてはいけないことを、粘り強く語りかけ、要求し続けること。
5、勝男の苦悩を時間をかけて学級のみんなに理解させていくこと。
6、教師→リーダー→学級全員、と取り組みの輪を広げること。
〈校長先生が頑張ること〉
1、苦しさに負けない人間の生き方について、全校的に機会をつくって感動的に話してもらうこと。
2、個別的にも、勝男の涙を引き出すような、決意をふるいたたせる話をしてもらうこと。
3、勝男の頑張りを担任から聞き、公的な場で評価してもらうこと。
4、担任と教師が諦めずに指導に当たっている場合、何度か「ゆれ」があっても、断固として、勝男と教師を励まし、守り切ってほしいこと。

◆全校の取り組みの中で

勝男の父親は相変わらずパチンコ屋に通い続けていました。しかし、母親は勝男の弁当を作るようになりました。

担任の大田先生は、毎日昼休みになると外に出て「学級ソフトボール大会」を続けました。勝男は朝登校して「担任」に顔を見せると、校舎の裏から抜け出し、町に消えていきます。しかし、昼休みになると、どこからか姿を現し、ソフトボール大会に参加しているのでした。

わたしは社会科の授業で勝男の学級に出ていましたが、「社会科一五問テストで全員一○○点をとろう！」という提案をしました。すると、

「ダメダ。でぎね、勝男がいるもん」

「勝男はぬかしてやっぺ」

という生徒たちがいました。しかし、すかさず、

「なに？　何で勝男ぬかすだ。勝男は学級の一員でねえっていうのが！」

という声があがり、学級は、激しく対立しました。女子班長を中心に勝男への援助が組

まれることになりました。

国語の中田先生が、国語のテストを勝男が受け、真面目に解答を書いたといって、その答案用紙を職員室じゅう見せて歩きました。

一〇月に入って、勝男の就職の話が具体化するにつれ、勝男の行動に際立った変化が見られるようになりました。それは学校から逃げ出さなくなったこと、国語、社会、数学など、いくつかの教科の授業で教科書を出し、ノートもとるようになったことです。

一二月の寒い朝、わたしが坂道に立って、登校してくる子どもたちに挨拶をかけていると、勝男は笑いながら、

「先生、寒ぐねぇのがい」

と、話しかけてきました。

三月、「判定会議」の時、勝男の担任の大田先生は、誇らしげに発言しました。

「出席日数不足の者、いちじるしく成績の劣る者、ともに該当者ありません。全員の卒業認定をお願いします」

わたしは思わず拍手しました。少し遅れて全教師が笑顔で拍手しました。

当時、わたしの地域には、この勝男のような子が学年に二、三名の割合でいたのでし

た。

2　ある不登校の子の場合

◆きっかけは「いじめ」だったが

奈津子は中三の五月、突然学校を休みはじめました。担任の田辺先生は家庭訪問をしました。奈津子の母は「学級でいじめられている」と言っているがどうなのでしょうか、と田辺先生に尋ねました。

田辺先生は、学級の子どもたちに向かい、

「奈津ちゃんは、いじめられるといっているが、みんな、そうなのか?」

と、率直に聞きました。すると、女の子たちが、「はい、シカトしてます」と答えました。理由を聞くと、小学校時代、何度も奈津ちゃんにいじめられて、辛い思いをしてきた。また始まったので、中学生になってもいじめられてばかりはいられないので、みんな

で話し合い、逆に無視したのだ、という言い分でした。田辺先生は、生徒指導主任であるわたしのところにきて、

「どんなもんでしょう？」

と相談をもちかけました。

「先生、きっかけと原因は違うと思いますよ」

「と、いいますと？」

「確かに、きっかけは、いじめの問題でしょう。でも、あの両親は近所づきあいを一切しない、特にお金のかかるつきあいはしない。奈津子ら姉弟は、近所の子と遊ばなかったそうですよ」

「どう話せば、いいでしょうか？」

「いじめのことは、あったと、ありのまま話し、これは担任の責任で必ず解決することを約束する。朝、熱が出たり、腹痛、頭痛を訴える状態の時は無理をしない。とにかく、親としては困っているわけだから、必ず登校できるようになると、励ますことを忘れないでください」

と、わたしはいいました。

田辺先生はまた家庭訪問をしましたが、やはり朝、腹痛を訴えるとのことでした。奈津子は部屋から出てこなかったといいます。

奈津子は夜、バイクを乗り回し、「わたしが学校に行かないのに、何でお母さんもお父さんも黙っているんだ！」

と両親にくってかかったといいます。父親は怒って、

「お前が、学校に行きたがらないから、無理に責めないだけだ。学校に行ってほしいのは当たり前だべ！」

と言ったそうです。奈津子は部屋に閉じこもり、壁やドアを蹴ったり壊したりして暴れたといいます。両親は学校を訪れ、わたしから不登校にかかわる本を三冊借りて帰りました。この両親はよく本を読む夫婦でした。

奈津子は暴れなくなったようですが、相変わらず部屋に閉じこもり、寝巻きのままラジオをきいたり、勝手なことばかりしている、と母は担任に知らせてきていました。

◆高校受験と「長欠」問題

七月になって、奈津子は登校してきました。応接室で自由に過ごさせました。理科の若

い教師が喜んで、プリント七枚ほどを持参し、

「お前、休んでいる間にここまで進んだから、やっておくように」

と渡していきました。奈津子はまた学校を休みだしました。わたしは職員会議で、

「とにかく、あまり喜び過ぎないように、普通に接してください。にわかに過大な要求はしないでください」

と念を押しました。

奈津子はまた登校するようになりましたが、その日が「新教研テスト」（進路のためのテスト）のある日で、学級の子どもたちが迎えにきて、教室に連れて行きました。わたしは、はらはらしましたが、奈津子は五教科全部を受けて帰りました。奈津子の成績は「学年一」でした。学年の先生方は驚いたり、「他の連中は何やってたんだ」と怒ったりしました。

二学期からは、奈津子は普通に登校できるようになりました。

奈津子は進学校の希望でしたから、一学期の長欠をどうするか、が問題になりました。そのまま書いてやっては、不登校であったことが高校側にわかってしまう。それでも高校側はとってくれるだろうか。今は、不登校の子とわかっていても、積極的にとる私立の高

校も出てきていますが、当時は、公立で、しかも進学校ではどうなのか皆目見当がつきませんでした。学年で相談して、とにかく顔を見せれば出席、電話があれば出席、先生が訪問すれば出席、などあらゆる方法で「欠席」を減らし、普通の子より少し多い程度の「欠席」にこぎつけました。

◆高校で再発した不登校

奈津子は合格しました。

しかし、高校に入って一学期が終わり、通信簿をもらうと、奈津子はまた不登校になりました。奈津子は中学校時代、通信簿は「オール5」以外もらったことがないのです。しかし、高校の通信簿は「3」と「4」が多く、奈津子は相当なショックだったのでした。

今度は高校の先生が取り組みを始めました。高校の担任が中学校に来て、

「中学時代はどうだったのですか?」

と、聞くのです。

「一学期に少しありました」

と、わたしは答えました。

「どうして、知らせてくれなかったのですか?」

「全部、洗いざらい報告して、おたくではとってくれるのですか?」

と、わたしは反問しました。高校の教師は黙っていました。

こうした問題についての腹を割った話し合いの必要に迫られています。

3 もう一人の不登校の子の場合

◇担任に不登校問題を学んでもらう

博は、わたしが転任していった下田中の三年生でした。担任は若い女性教師でした。わたしは副担任で、全校生徒指導主任という立場でした。博は二年生の三学期から学校に来なくなっていたようでした。学校ではときどき家庭訪問をして、必死に机の端をつかんで硬直している博の指を一本ずつはがし、車に乗せて連れてはくるが、すぐ帰ってしまう、このことをくり返していたようでした。

担任の柳美保先生は、やさしい美術の先生で、博の不登校の原因は学級のトラブルにあり、あたしが悪かったのだ、と考えていたようでした。彼女の教師としてのすぐれている点は、いつでも弱い子の立場に立ち、これを守ろうとする優しい姿勢が一貫していることでした。美術の教師でありながら歌が大好きで、飲み会のカラオケではマイクを放さないのでした。しかし、子どもへの説得や指導技術は未熟でした。自分のクラスに不登校の子がいるのに、それについての勉強が不足でした。

わたしは、彼女と一緒に家庭訪問をしました。

博の家では、まず「おじいさん」と「おばあさん」が応対し、父親は終わりの頃にきて座るのでした。そして母親は、ついに姿を見せず、夜になってわたしの家を訪れ、「うちでは、おじいさんの権威が強すぎて、わたしらの出る幕はないのです」と、その苦悩を話すのでした。母親は子どもを祖父母に取られた感じで影の薄い存在のようでした。

わたしは、美保先生に不登校に関する本を貸しました。彼女は恐縮して鞄に入れましたが、いつまでたっても読むふうがありません。少し難しかったかな、と思い、今度は薄くてやさしい本にしましたが、これも読まないようでした。一枚プリントの「図解」のようなものも渡しました。しびれを切らしたわたしは、

「あんた、少しは、本読んでみたら」

と、話しました。すると、彼女は、

「先生、わたし、家に帰ると、疲れて、何もする気になれません。地域の合唱クラブにも顔を出しているものですから」

というのです。

「だったら、先生、年休を取りなさい。美術なら、何とか面倒みるから」

と、わたしも粘りました。素直な美保先生は金、土と年休をとり、日曜日と合わせて三日間、図書館に通ったようです。

彼女は「すくみ反応のある子には登校刺激を与えないようにする」などと言うようになりました。

◆片想いと失恋

そのころ、博からわたしに「話したいことがある」と電話がありました。その日は一一時から出かけなければならないのでしたが、一時間ぐらいなら、と思い「すぐ来るように」と答えました。

博が来ました。が、玄関で立ちすくんでしまいました。わたしの家の玄関は三方が本でふさがっていて、いかにも学校くさい感じだったのかも知れません。妻がまるで園児を扱うようにして応接室に通しました。しかし、応接室は一八畳の広さで、ここも四方が本棚でした。博はますます硬直する感じでした。彼は、こめかみのあたりを左手で押さえ、うつむいてしまいました。わたしが、いかつい顔で正面に座っていては、余計に話しにくいだろうと思って、彼の横に同じ方向を向いて座りました。

そのうち、彼は軽い鼾をかきはじめ、わたしも同じ姿勢で少し休みました。妻は、コーヒーをいれてドアの所に来たら、二人で鼾をかいているので、驚いたり、あきれたりして静かにコーヒーをおいていったそうです。

わたしは出かけるのを断念し、彼が話し出すのを待ちました。彼は、午前一〇時頃から午後四時頃まで、断続的に話しました。その内容は次のようでした。

――美保先生は立田市に帰るはずなのに、大野町に車を走らせた。走って後を追ってみた（彼は駅伝の選手ですが、一三キロの道のりを車と一緒に走れるはずはないので、行く先を知っていたのでしょう）。すると、彼女は、久保田守先生（同じ下田中の教師）のアパートの部屋に入っていった。階段に腰をかけて待っているうちに眠ってしまった。気がついた時は夜中の二時頃で、前に美保先生が立っていた。彼女の車に乗せられて帰った。……美保先生は、久保田先生が好きなんです。……

わたしは、博の顔を見て、聞きました。

「博君は、美保先生が好きなの?」

「いや、好きというのとは、違います。……お母さんのような感じでした」

と、博は言いました。

わたしは、このことを博の父親に知らせておいたほうがいいと思って、話しました。すると、父親は、博に、

「美保先生は恋人がいるんだから、お前は諦めろ」

と言ってしまったというのです。博は、自分のひそかな思いが、親にまで知られてしまったのに打ちのめされて、大野中の校長を訪れて、転校させてくれ、と頼み込んだのです。

しかしその一方で、博は、学校の裏山に望遠鏡と三脚と蚊取り線香とナップザックをもって上り、職員室の美保先生の机に望遠鏡の焦点をあわせ、蚊取り線香をたきながら、美保先生が授業から帰り机に座るのを待っていたのです。たまたま教頭先生が茸とりに出か

け、それに気づいた博は、すべてを置き去りにして逃げましたが、教頭はなにもわからず、蚊取線香を消し、望遠鏡とナップザックを抱えて帰ってきました。

◆高校をやめて働く

その後、博は夏休み前に登校しましたが、一日だけでした。学校に行くということで、おばあちゃんが喜び、前の晩から鞄、ズックなどを準備したのだといいます。しかし博は、制服を着て鞄を肩に、勉強机につかまったまま硬直してしまったのです。

それでも何日か後、また登校しました。ところが、外掃除をしている博のところに、理科の先生がプリントを持参し、「お前が休んでいたところの範囲だ」といって渡したのです。そこで博は、そのまま硬直してしまいました。どうして理科の先生はこうプリントが好きなんだ、とわたしはがっくりくるのでした。

博は断続的に登校しましたが、安定しませんでした。博は進学希望でしたので、ここでも欠席日数が問題になりました。いろいろ配慮はしましたが隠しきれず、私立は落ち、地元の公立に合格しました。

しかし、不登校のきっかけになった友達も同じ高校だったので、両親は休学の手続きをとりました。

博は長男でしたから、学校に来ない日はおじいさんの仕事（工務店）を手伝っていましたが、重機の扱いが上手く、好きでもありました。彼は高校を断念しましたが、家業を継ぎ、生き生きと働いています。しかし、学校の話になると、とたんに落ち込み、うなだれてしまうのです。いまでもひきずっているのです。

◇不登校問題の考え方

不登校の問題はこれだけ深刻になっているのに、教師はこの問題について意外に不勉強です。個人で勉強できない時は、学校としての専門家をつくり出し、その人の原案によって取り組むのがよいと思います。ここでは不登校問題の輪郭だけを、簡略に述べておきます。

研究者は、不登校の子どもを大体三つの類型に分けています。

一つは、文字通り親から離れられないタイプで、幼児や小学校低学年に多いといわれています。

二つは、親からの心理的独立の挫折、自己内の心理的葛藤に起因するものが多い。中学、高校になって突然発生する急性型とされています。

三つは、甘やかされたタイプで、社会的・情緒的に未熟、困難や失敗を避けて安全な家庭に逃避する、小学校時代から繰り返し起こる慢性型といわれています。

これらは、狭い意味での不登校（神経症的不登校）とされています。

しかし、子どもは、このような研究者の分類に合わせて不登校になるわけではありません。だから、これらは一応の目安として、子どもの事実をよく見なければなりません。

また、経過としては、一般的にいって次のような経過をたどるとされています。
(1)　心気症状を訴える時期
(2)　暴力の時期
(3)　怠惰な時期
(4)　閉じこもる時期
(5)　回復の時期
(6)　登校を開始する時期
こうした過程をへながら苦悩している子どもたちに対し、学校としては、
1、生徒自身の生き方・自我の成長に援助の重点をおく。

2、登校できない生徒の視点から、学校側の問題点の改善に努力する。
3、親や生徒のつらい気持ちや不安感に理解の態度を示す。
――などを基本姿勢として、取り組んでいくことが大切なのです。

V　授業で子どもを躍動させる

授業とは、簡単に言えば「文化遺産の伝達」です。すぐれた授業は、この伝達を「子どもたちが自ら獲得したように」行なうことです。したがって、授業の主体は、教師とその指導です。だから、教師の育てる「学習リーダー」は教師を越えることはありません。

一方、生活指導は「自治」の指導です。したがって、その「リーダー」は教師から相対的に独立し、教師を越えて自立していきます。

したがって、授業で育てる「学習集団」と、生活指導で育てる「自治集団」とは、教師との「距離」が違います。学習リーダーと自治集団のリーダーも同じように違います。学習リーダーは教師の指導にそってリードし、自治集団のリーダーは教師から離れてもリードできなければなりません。こうした考え方は大西忠治さんから学んだものですが、この二つの集団の違いは違いとして、今の教育現場では、生活指導の中でも学びを、授業の中でも生活指導をやらざるを得ない状況があります。だから、実際はこの二つの垣根を低くして取り組まざるを得ません。

以下、わたしの社会科の授業を例に述べていきたいと思います。

1　荒れのなかで生き残った社会の授業

◆生徒たちへの社会科好き嫌い調査

うるさくて授業にならない、もうあいつらの顔も見たくない、と嫌われた三年生五クラスで、わたしは社会科の授業を担当し、一学期間奮闘しました。わたしが工夫し、がんばったことは次の五点でした。

1、授業のなかに「必ず」「全員」を参加させること。
2、教科書の他に手作りの資料を最低プリント一枚は準備すること。
3、子どもたちを学習する集団として高める指導を進めること。
4、「社会科新聞」を発行し、学級間競争を組織すること。
5、社会科特別教室をもうけ、遅れた子に取り組むこと。

以上五点について、わたしは何とかやり切ったという思いで、一学期末の授業じまいの日に、社会科の好き嫌い調査と、「佐藤先生とつきあった四カ月」という作文をつづらせました。生徒たちは、次のように書いています。

▼社会科の好き嫌い調査

①小学校の頃、社会が好きだった　五一名
②中学一、二年の頃、好きだった　六六名
③いま、社会が好きだ　一〇七名

①小学校の頃、社会が嫌いだった　四九名
②中学一、二年の頃、嫌いだった　四二名
③いま、社会が嫌いだ　九名

▼佐藤先生の授業について

①気に入っている　一一五名
②気に入らねえ　四名
③どちらでもない　三三名

わたしの授業について、「気に入っている」「気に入らねえ」「どちらでもない」の理由について、子どもたちは、それぞれ次のように書いています（主なものを選びました）。

「楽しい！」からです。本当に楽しいです。言葉一つ一つ楽しいです。楽しく覚えられます。先生が話す時の目は大好きです。わたしたちに覚えてもらおうと、まっすぐわたしたちの目を見てくれます。だから、気に入っています。（美奈）

中学校にはいったら、社会を好きになろうと決めていました。でも、いまでもあまり好きになれません。今、社会が「どちらでもない」のは、社会が好きになったんじゃなくて、先生が好きだからです。たのしくて、たのしくて、佐藤先生大好きです！（昌代）

「気に入らねえ」理由はあのシールだ。気持ちがあせるのだ。だから、シールはやらないほうがよい。（仁）

◆作文「佐藤先生とつきあった四カ月」

次は、小学校ではもちろん、中学一、二年と社会が嫌いだった子で、今、社会が好きと答えた子の「佐藤先生とつきあった四カ月」という作文です。

一、二年の頃、遠くから見ていて、「おっかねえような先生だなあ」と、思っていた。しかし、三年になって授業を習いはじめて、いっぺんにそんなことは吹っ飛んだ。やさしくて、分かりやすくて、楽しい授業なので、今までは社会の授業というと、いやーな感じがしていたのに、今では社会の授業が待ち遠しくてなりません。やさしくて、親しみがあって、すごーくいいと思う。一年のときから、ずっと習いたかった。(勇)

佐藤先生に社会を教えてもらうと聞いたとき、「あーあ」と思いました。それは、鈴木先生の社会が好きだったからです。でも、今は、佐藤先生に教えていただいていることが、とってもうれしいです。高校に行っても、佐藤先生のような先生がいたらいいな、と思います。(幸子)

わたしたちは佐藤先生の授業になってから、「早く社会にならないかなー!」なんて、さわいだりします。

一年の時は、分かりやすいけどたいくつでつまんなくて、二年の時は、冗談ぽい先生で楽しかったけど意味がつかめなかった。三年になって、やっと楽しいし、分かるし、やっといい先生にめぐりあった気がする。（直子）

佐藤先生はやさしい。怒った先生を見たことがありません。授業中うるさいと、怒らないで注意しただけで、静かになります。不思議だと思います。こういう先生はあまりいないような気がします。（賢一）

佐藤先生とつき合って、とても楽しい毎日です。今までは、勉強なんて面白くないと思っていたのに、今は、やればできるのだと思っています。先生に社会を教えてもらって良かったと思っている。（洋一）

さて、子どもたちが、社会科が嫌いな理由として一番多く書いたのは「むずかしくて、わからない」ということでした。二番目に多かったのは「先生の教え方」に関わるものでした。そして、わたしとわたしの授業について、「やさしい」「楽しい」「わかりやすい」

などと書いています。これは、社会が好きな子が五一↓六六↓一〇七名と増加し、嫌いな子が四九↓四二↓九名と減少していることに照応しています。

わたしは、この調査結果や作文について、不満を感じています。それは、あれだけ頑張っても、まだ「嫌い」と答えた子が九名もいたこと、そして授業についても「気に入らねえ」と答えた子が四名いたことです。

わたしは、ある会合で、年々社会科が嫌いな子が多くなっているが、それは社会科教師の奮闘によって、かなりの部分を改善できると話し、これらの作文を発表したことがあります。すると、「その作文は、先生の好きなものだけを選んだのですか」と質問した教師がいました。わたしは、「もちろん、わたしの好きな作文を選びました。しかし、好きなものダケを選んだのではありません。公平にのせたつもりです」と答えました。

ところで、わたしは、「あれだけ」頑張ってもまだ「嫌い」と答えた子が九名もいた、と書きましたが、いったい「あれだけ」とは、どのくらいか、またどんな内容か、どのようにがんばったのか、また、そのなかで、「できない」子にどのようにとりくんだのか、具体的に述べていきたいと思います。

◆「授業開き」でやったこと

四月七日は、二組、四組の「授業開き」でした。わたしは事前に二クラスの子どもたちの名前と顔を生徒指導用の写真を見て、ほぼ完全に覚え、また一、二年時の社会の成績の良い子（評価5）と悪い子（評価1）を調べ、頭に入れておきました。そして「授業開き」では次の五点をねらったのです。

1、授業を始めるにあたっての規律、社会の授業のパターンをきちんと教える。
2、一、二年で習った歴史、地理の復習を一斉問答でやりながら、安心して声を出させる訓練をする。
3、教師の説明を顔を向けて聞く練習をする。
4、ガイド（学習リーダー）を決め、頭を小さく集めて、話し合いの訓練をする。
5、これらの活動を、あらかじめ担任の了解を得て貼ってある「社会科がんばり表」にシールで評価する。

さて、三校時に、わたしは二組の初めての授業にのぞみました。わたしは、ムスッと不機嫌な顔をして教室に入っていきました。何人かの子どもが慌てて席に着きました。

「正座！」（起立をすると、コンクリートで音がうるさいため、この号令になったようです）

杉本が号令をかけました。横を向いておしゃべりをしていた子が顔だけこちらに向けたり、カバンの中から教科書を出そうとしている子がいたり、体を前にずらし机にあごを乗せている子がいたり、逆に椅子の後ろ脚を軸にして体を後ろへ大きくそらしている子もいました。

「杉本」

と、わたしは言いました。

「君は今、正座って言ったけど、みんなに『正座』して欲しいと思って、言ったの？　それとも、ただ声を出してみたの？　どっちなの？」

「正座してほしいです」

と、杉本は顔をあからめて言いました。

「そうだよな。しかし、通じない人がずいぶんいたよ。……杉本委員長は、立候補したの？　推薦で決まったの？　先生が任命したの？」

「推薦だぞい」

という声がしました。小柄で目の鋭い子で、これが武士でした。社会科は「1」の子でした。

「推薦か。それは全員で推薦したの？　杉本では嫌だっていう人はいなかったの？」

「全員だぞい」

「そうか、全員で、満場一致で杉本を委員長にしたんだな。よし、杉本、君は、みんなに正座をしてほしいという気持ちを込めて、しっかり号令をかけなさい。そして、君を委員長に推薦しておきながら、指示に従わない人が何人いるか、本当は君を委員長だなんて認めていない人が何人いるか、君をバカにしている人が何人いるか、しっかり見なさい。はい、やり直し！」

杉本は憤然として号令しました。

「正座っ！」

そして、杉本は顔をぐるっと回転させました。子どもたちは、それぞれの緊張をみせて正座しました。

「礼！」

と、杉本の号令で、一斉の礼をしました。

わたしは、このやりかた（わたしの「権威」がまだ確立していない段階で、学級集団の誇りに訴えて、学級を動かす）を大西忠治さんの本から学んだのでした。初めて顔を出す学級で、少しだらしない感じの時は、こうするのです。教師の「権威」がまだ通じない学級で、「正座」や「礼」が、委員長の指導性、彼を選んだ学級集団の責任など、総じて学級のプライドに関わる問題であることに働きかけることが有効なのです。教師が怒って、気合いをかけるより、はるかに長続きする方法でもあります。

「先生は、ベルが鳴ったら、一分以内に必ず教室に来ます。だから、君たちも、それまでに着席し、教科書、ノート、筆記用具を出して待っていなさい。今日、先生が入ってきた時、班全員が席に着き、勉強の道具も出して待っていたのは、この班です。三班だね？三班はすばらしい！」

そう言って、わたしは「社会科がんばり表」の三班の欄に赤いシールを五つ貼りました。子どもたちは、ざわめきました。

「先生、おいらの班も、教科書出してたぞい！」

と、武士が立ちました。

「そう。教科書はたしかに出ていたけど、武士が立ち歩いていたからな。だから、ダメ」

「バレだが」

と、武士は頭をかき、子どもたちは笑いました。

「先生、おいらの名前、何で知ってんのい？」

と、武士がいいました。

「武士君だけじゃない。全員の名前、夕べ暗記したよ。胸のネーム、隠してみて。全部当ててみるから」

そう言って、わたしは、一人ひとりの顔を指さし、名前を言って歩きました。あちこちつっかえながらも、汗だくになって全員の名前を言い終わった時、洋子がわたしを見て拍手を始め、他の子どもたちも一斉に拍手をしました。

「明美さん、どうしたの？」

と、わたしは、空いている席を指していいました。

「保健室だぞい。あのヤロ、くさし(怠け)してんだ。おれ、呼んでくっから」

と、武士は立って出ていきました。ずんぐりした体で、アンパンのような顔をした目の細い明美が、武士に連れられて入ってきました。ふてくされた動きで席に着きました。

◇授業のルールを約束する

わたしは、チョークで黒板いっぱいに横線を引き、その線の右端を指して、

「今日は、何年、何月、何日ですか？」

と、発問しました。子どもたちは、一瞬ぽかんとしました。わたしは繰り返しました。

「今日は、何年、何月、何日ですか？」

「昭和五八年、四月七日です」

と、何人かの子どもが、頼りない低い声で答えました。

「先生の授業では、今のように、全員に向かって質問することがあります。みんなが知っていること、一度教えたことを復習するときに多く使います。全員に質問するのですから、全員で一斉に、そろって答えてください。はい、もう一度。今日は何年何月何日ですか？」

「昭和五八年、四月七日です！」

と、子どもたちは声をそろえました。明美は口を薄く開けただけでした。

「五班が元気がない。もう一度！」

「昭和五八年、四月七日です!!」

「ん、よくできた。しかし、『昭和』っていうのはな、古いよ。世界共通でいこう。一九八三年。はい、もう一度っ！」

「一九八三年、四月七日です!!」

「よし、できた。先生はもう二〇年も教師をしてるけど、初めての授業で、こんなすばらしい声で答えてくれたのは、このクラスが初めてだ。とくに、この班、二班の声は元気がよかった。班全員が、ノドチンコまで見せて発声したもんな」

子どもたちは、どっと笑いました。わたしは「社会科がんばり表」の二班の欄に、シールを貼りました。今度は、黒板の左端に行って、

「日本列島が、今の形に出来上がったのは、約、何万年前ですか？」

「一万年前！」

と、何人かが答えました。

「みんなで、一斉に、はい！」

「一万年前!!」

「その頃の日本列島には、人は住んでいたのですか？」

「いた！」

「みんなで！」

「いたっ!!」

「日本では、国家が成立したのは何世紀ですか？」

「四世紀」

「そう。みんなで！」

「四世紀!!」

「ようし。先生の授業では、このように、みんなに質問する場合と、特定の班や個人に聞く場合があります。では、練習するよ」

そういって、わたしは一班を指し、

「国って、何ですか？」

と、聞きました。一班は、いきなり指されて、誰が答え、何と答えていいか分かりません。わたしは、三、四秒、間をおいて、

「はい、一班では、社会のできる人も、班長も黙っています。では、二班、答えてください」

と、移しました。二班の班長の誠二は、がばっと立ちました。が、何と答えていいかわかりません。

「二班の班長は、素晴らしい！　とにかく立ったもんね。でも、答えられないんじゃ仕方がない」

子どもたちは笑い、わたしは三班を指しました。根元治班長は、

「あの、土地つうがな、なわばりのようなもの、そういうのがあることだと思います」

と、身振り入りで答えました。杉本が手を挙げました。

「おお！　五班の手があがったな、五班」

と、指しました。

「あの、支配者が出てくることではないんですか？」

「なるほど。みんな勉強してるんだな。先生の授業では、こうした質問をする時と、もう一つ、先生が『説明』する時があります。先生が説明をするときは、授業のなかで重要なところです。テストにも出題するところです。とくに――」

といって、わたしは正面左寄りに立ち、

「ここで説明する時は、君たちはすべての動作をやめて、その可愛い顔と美しい目を、

先生に集中しなさい。じゃ、練習するよ」

そういって、わたしはあちこち歩きまわり、急に左寄りに立ち、「ハイ、説明します」といいました。子どもたちは、いくぶんあごを引き、わたしをにらみました。武士も明美も。

「ああ、いい顔だなー。先生ね、君らのそういう顔、大好きだ」

子どもたちは、どっと笑いました。

「国というのは、人がいて、領土があって、統治権があることなの。大切なのは、統治権です。原始時代は、人も、領土もあったけど、統治権がなかった。だから、国とはいわなかった。統治権というのは、支配者がいて、支配される者がいて、きまりがあって、ブタ箱があることです」

と説明し、

「教科書では、どのようにして国ができていったと書いてあったか、思い出してください」

と、質問しました。洋子が手を挙げました。

「小さな村が集まって、そして国が出来たと書いてありました」

「そうだね。しかし、不思議だと思わない？　小さな村が集まったら、大きな村になるんじゃないの？」

「大きな村がない、また集まるんじゃないかな」

と、武士がいいました。

「なるほど。でも、大きな村が集まると、うーんと大きな村になるんじゃないの。トマトが集まると、スイカになるの？」

と、わたしは、子どもたちを追い込み、今度は、「班ごとの話し合い」を教えていくのでした。

◆魔法のシール

こうしてわたしは、シールを使って、子どもたちの活動を評価していきました。初めは、授業以前の活動であるベル・席に取り組みました。これはどのクラスも二、三日できちんとできました。土器を運んだり、掛け図を準備した班もシールをもらって喜びました。休み時間になると、どこかのクラスのいくつかの班が先を争って押しかけ、

「先生、運ぶものないですか？」

「残念だな。二班の勝君がもってったよ」

「勝？　あの、ブッシュマンめ、すばしこいんだよな。他にないですか？」

「ないな、またこんどな、頼むよ」

「あッ、先生、メガネ持っててってやる」

「メガネか。……こわさないでよ」

「大丈夫だって」

子どもたちは、わたしのメガネを奪い、意気揚々と引きあげるのでした。わたしは、一斉問答で一番元気のよい声でコーラスした班、班の話し合いで一番はやく、小さく頭を寄せた班、いい発表をした班などと、授業のなかにも、シールもちこんでいったのでした。

「今日の五班の発表はよかった。先生まいったよ。とてもシールなんかじゃ表せないけど、五〇個でかんべんしてくれ」

などというと、もう五班は飛び上がって喜ぶのです。シールの数の少ない班の班長やガイド（学習リーダー）は、悩んで、わたしに相談にきます。

「よし、ヒケツを教える。教科書や資料を読むときに、どの班もみんな手を挙げるだろう。差がないんだ。だから、君らの班は全員ニコニコ笑顔で、手をモミジのように開いて、花が咲いたようにあげてみて。先生、絶対にさすと思うよ。それから、単元のまとめを、新聞に作って張り出すのはどう？　どの班もまだやっていないだろう？」

こうして、班全員で手を挙げるときの工夫、子どもたちによる『社会科新聞』の発行、日曜日の土器探しなどへと発展しました。他の班の発表にケチをつけたり、それを切り返したりすることも覚えていきました。シールもただグラフのように延ばすのではなく、花や動物や世界地図などを、大小さまざまなシールで子どもたちはつくっていきました。

◇全員参加の一斉問答と二五問テスト

一方、わたしは、授業の導入部でくり返す一斉問答には、必ず全員を参加させ、教科書や資料を読む部分でも全員参加を要求しました。ガイドが遅れた子に低い声で読みを援助した時は、天まで持ち上げ、評価しました。

一斉問答の「問い」が二五になると、わたしは「二五問テスト」を実施し、『社会科新聞』を通して学級間競争を組織していきました。このテストでは、一〇〇点の数が第一回＝四七人、第二回＝五九人、第三回＝一一七人、第四回＝一五二人と増加し、第四回で一〇〇点をとれなかった生徒は全クラスを通して一二人でした。平均点でみると、第一回＝

八一点、第二回＝八四点、第三回＝九五点、第四回＝九九点でした。
明美の班のガイドの洋子は、休み時間や放課後に、つきっきりで明美を特訓し、模擬テストを実施してから本番にのぞませました。武士の班の班長の賢一も、毎朝早く来て武士をみてやっていました。武士は口で答えると分かるのに、書くと間違う弱点がありました。また武士は字が極端に下手で、賢一にしか読めない字を書くのでした。第四回二五問テストで一〇〇点をとれなかった一二人は、明美や武士のような遅れた子ではなく、自力でがんばって充分一〇〇点がとれる子どもたちのミスでした。

◆『社会科新聞』による学級間競争

ところで、『社会科新聞』による学級間競争を、わたしは次のように組織したのです。

社会科新聞　第2号　四月二八日
▼第一回二五問テストの結果は次の通りでした。
二組　一〇〇点　13人　平均　八五・二五
三組　一〇〇点　10人　平均　七二・一六

四組　一〇〇点　11人　平均　八〇・六九
五組　一〇〇点　13人　平均　八二・六六

▼がんばった二組！

今回二組は一〇〇点の数、平均点ともにトップでした。
この次、三組のみなさんが、どこまでがんばるか、楽しみです！　期待しています！

　このような記事をのせると同時に、わたしは三組の班長・ガイドの合同会議を開きました。三組の一番の問題点は誠一と信夫に誰が援助するかということでした。二人については、わたしの責任で引き上げること、各班では朝自習の時間に一回ずつ必ず取り組むことを確認しました。わたしは、誠一と信夫を昼休み時に生徒相談室に呼び、毎日練習させました。そしてわたしは、三組が最下位を脱出できる見通しが立った時点で、第二回の二五問テストを実施しました。

社会科新聞　第3号　五月一四日
▼第二回二五問テストの結果

一番のびた三組！
一〇〇点二〇人の四組！
平均点最高の二組！
一〇〇点の数、平均点ともに五組落ちる
▼一番のびた三組！
前回の平均点より、どれだけ伸びたか
　二組は　５・３１のびた
　三組は　７・０９のびた
　四組は　４・７９のびた
　五組は　３・１８下がった
▼一〇〇点の数、四組トップ！
　二組　一〇〇点　13人
　三組　一〇〇点　15人
　四組　一〇〇点　20人
　五組　一〇〇点　11人

▼平均点、二組トップ！

二組　平均点　九〇・五六

三組　平均点　七九・二五

四組　平均点　八五・四八

五組　平均点　七八・八五

▼五組のみなさんの奮起を期待します！

二五問テストは、答えの分かっているテストです。誰でも「やる気」をだせば、九〇点以上はとれます。

「できない人」がいるから平均点が伸びないのではありません。できない人に何の援助もしない「班」や「学級」であるから伸びないのです。原始時代の人は、獣をしとめる「学力」をみんながもっていました。「学力」は、みんなが共有するものでした。

第三回二五問テストでは、五組の団結、連帯の「力」を期待します！

こうして、わたしは今度は五組にテコ入れをしました。担任をもたないわたしは、同じクラスを続けて最下位にすることを避けたのでした。それに、同じクラスが最下位を続けることは、すでに「競争」ではなく「差別」になってしまうからです。

また、わたし自身が遅れた子の援助を引き受けたのは、集団づくりなどとは無縁な担任の学級で、班長やガイドが急にのびるはずもなく、当面はわたしが取り組む以外になかったのでした。そして、第三回二五問テストでは、五組がトップにおどり出たのです。

社会科新聞　第5号　五月二七日

▼五組、一〇〇点三十三人でトップ！

第三回二五問テストの組別結果は次の通りです。

二組　一〇〇点　28人

三組　一〇〇点　29人

四組　一〇〇点　27人

五組　一〇〇点　33人！

▼平均点で、二組がトップ！

二組　平均点　九七点

三組　平均点　九三点
四組　平均点　九三点
五組　平均点　九六点

▼評価！　先ず目立つ点は五組が奮起したことです。次に引き続き三組が、頑張ったことです。二組は平均点でみると、三回続けてトップです。四組は8点（2位）伸びていますが、他の組のがんばりで、追い越されています。次回の頑張りを期待します！

◇遅れた子への特別授業

わたしは社会の授業のなかに、必ず全員が参加する部分を準備し、さらに二五問テストを通して、いちばん遅れた学級のいちばん遅れた子に取り組んだことを述べました。毎日昼休み時に、相談室に遅れた子を呼んで教えていくなどというと、いかにも容易でないように感じられるかもしれませんが、実際は楽しかったのです。なぜなら、二五問テストの練習をするのは三分の一の時間で、後の三分二の時間は、彼らとのおしゃべりの時間だったからです。

明美は、いちばん苦にしているのは目が細いこと、顔がアンパンみたいに丸いことだと話します。農家の三人きょうだいの末っ子だが、父も母もおじいちゃんも悩みを話し合ったりできない。嫁にいった姉とはよく話すし、何でも相談できるといいます。髪を染め、薄く化粧し、マニキュアをして登校したとき、担任とわたしが明美と話し込んだことがありました。

「あだしはもう、やったって、勉強わがんねもん」

と、明美はいうのでした。また、わたしと昼休みに話すようになってからも、「先生は、何で、あだしらど話すのい?」

というのでした。

武士は、父親のいない子で、いつも職員室に遊びにきました。担任の谷田先生は、「おれは、あいつが好きだ」といって、いつも体にひっつけてあるくのでした。武士はノートをとったことがなく、ペーパーテストはまるでだめでした。わたしと話すときも側にきてわたしの体に絡まるのでした。

信夫は鼻が悪く、いつもティッシュペーパーを持ち歩き、授業中は鼻の掃除をし、それをまるめて女の子にぶっつけたりすることがあります。しかし、農家の長男で、家の仕事をよくやり、地域にある伝統的獅子舞いの踊り手であり、運動は得意でした。わたしに特訓されていやな顔をするが、「そんなことでは、運転免許はとれないよ」というと、しゃんとしてがんばるのでした。本を読むことは好きで、いやがらない子でした。

誠一は目が大きくて本当に可愛い顔をしていました。女の子たちはいつも誠一をとりまいて援助しました。両親は何とかして高校にやりたい、特殊学級で誠一の力が伸びるなら、いつでも代わっていいといっていました。担任の先生は学年会のたびに誠一や班長たちの取り組みを話題にしました。

義勝は、頭がスイカのように大きくて、左足が短いのでした。いつも男の子たちに頭を叩かれて泣いていました。ただ、義勝はねばり強いところがあり、こつこつと二五問テストをがんばるのでした。

さて、こうした「できない子」たちのために、学年会では特別教室を開くことになりました。わたしたちの学年では、「運転免許がとれないような子をなくそう」という合い言葉を確認しあい、とりあえず英語、社会から始めることにしました。わたしの体のあいている日に社会科特別教室を開き、歴史の授業をやりました。ここには「できない子」ばかりでなく「できる子」も「普通の子」も集まってきました。

2　ある日の授業から

◆防人《さきもり》の歌に感動する子どもたち

奈良時代の農民の生活について学習する時間の折でした。わたしは、この時代の物価や人夫の一日の日当、左大臣、右大臣などの高級貴族の収入、絵師や仏像師の収入などの資料、防人の歌を集めた資料、教科書にのっている下級貴族の生活を示す資料などによって、この時代の人はどんな生活をしていたかをまとめ、その感想も発表するよう求めました。

まず、個人でノートにまとめ、それに基づいて班内で話し合いをさせました。いきなり話し合いをさせると、「できる」子の間だけの話し合いになってしまうのです。たしかにテンポが早く、気持ちよく進むが、「できない」子が取り残されてしまう。はじめに「個人で考える」時間をおいたり、全体討論の後にその時間を取ったりすることが必要だと思っています。

「はい、三分です。打ち切ります」

と、わたしがいうと、

「だめ、後少し」

とか、

「時間ください！」

と、時間要求の声が起こります。やがて、話し合いの輪が解け、いっせいに手が挙がります。わたしは、順に指していきます。

「貴族の人たちは、一日三〇万文も収入があって、こんな大きな家に住み、花見やったり毎日宴会などやっているのに、下級の貴族の人は毎日写経などやって、臭いにおいのする着物を着ていました。しかし、一番つらい生活をしていたのは農民だと思います。租庸調の税金のほかにも、年六〇日も県さいって働いたり、なべさクモの巣張るほどよういでないのに、その上、防人《さきもり》にとられで、生きて帰れるかどかもわかんねのに、子どもがとっついで泣ぐなんて、ほんとにつらいど、思いました」

「二班と似ていますが、上の貴族の人たちは、全国から集まった果物など食べているのに、下級の貴族は一日三〇文の高い利子の金など借りで、こんな、今でいえばサラ金みだいだと思います。そして農民は平城京をつくるためにかり出されて、一日一〇文の日当で働き、一〇年がかりで都をつくったなんて、本当によういでなかったと思います。農民はえらいど思いました」

と、こんな調子の発表が続く中で、洋子の発表は変わっていました。

「私の班では、防人の歌に感動した人がいっぱいいました。私も、農民の人はつらかったことはわかりますが、〈切り株に足を踏まないように〉とか、〈奥さんの絵を描いて持ってくればよかった〉とか、ずいぶん夫婦仲がよかったんだなと思いました。また〈父母が頭かきなで幸あれて〉とか、ずいぶん親子の間もこまやかで、今の私たちよりも幸せな面があったと思います。あと、武士君がつけたします」

続いて、武士が小さな体で立ちました。

「あの、父母が頭かきなでっていうんですから、父ちゃんも、子どもの頭をなでてやったのだと思います。ぼくは、父ちゃんに怒られでばっかりいで、頭なんてさすらっちゃ記憶ありません。防人の人はやさしいど思います」

笑い声が起こり、そして、しゅんとし、いつか拍手に変わっていきました。六年生の時、父親を亡くしている武士は、防人の歌を自分にひきつけて読んでいたのでした。

「おらもねえ。はだがっちゃごどは、あっけども」

「おら、母ちゃんにもねえぞ！」

などと、言い出す子も出てきました。聞いてみると、ほとんどの子が、頭などやさしくなでてもらった記憶がないと言い張るのでした。

父母《ちちはは》が頭《かしら》かきなで　幸《さ》く在《あ》れて
　いひしことばぜ　忘れかねつる

過保護といわれるこの子たちが、この防人の歌に感動し、そのような親子をうらやましいというのです。この子たちは、おそらく、必要な時に、必要なやさしさを、充分に受けとってはこなかったのだ、とわたしには思えてなりませんでした。

◆「奴隷」論争

「できない」はずの子どもたちが、問答に加わり、二五問テストで一〇〇点をとり、教科書を積極的に読み、班の話し合いにも加わり、洋子のようなすぐれたガイドのいるところでは武士のような発表も引き出すことがありました。

しかし、次のような討論場面では、まだ参加できないでいます。

ヨーロッパのローマ文明が終わったところで、わたしは、

「はたして、古代社会は、原始社会より進歩したといえるか」

と発問しました。

「言えると思います！」

と、杉本は即座に答えました。

「ローマ文明は、原始時代の人々には、とてもつくれません」

子どもたちは黙っていました。

「ほう、なるほど」

と、わたしは子どもたちを見回しました。

「みんなは、杉本の意見に賛成なんだな。よし、仕方がない。先生が相手になろう」

と、わたしは言いました。すると、文子が立って、

「先生、待ってください。話し合います」

と、発言しました。そして班員の頭を集め、「ね、奴隷はどうなの？」と、話し始めました。三班の信夫も、同じ奴隷の存在を問題にしていました。話し合いの輪が解け、信夫が発言しました。

「杉本君は、ローマ文明は原始時代の人にはつくれないから、進歩した社会だっていいましたが、奴隷についてはどう考えているんですか？」

「奴隷はいましたが、法典だの、大きな墓や宮殿のような建物、水道なんて、原始時代には考えられない進歩だと思います」

「くさりで首をつながれたり！」

と、文子が立ちました。

「金で売り買いされたり、犬を飼うように詩人を飼う、そんな世の中が、何で進歩なんですか？」

杉本は、むっとして、

「ほんじゃ、捕虜になって殺されたり、食べられないで、死んでいったりするのがいいのが！」

杉本の班の哲夫が立って、ゆっくりといいました。

「奴隷はな、やどわれでいだんだべ。だから、食わないで死ぬっつうごどは、ながったでねえの。戦争でまげで、殺されるより、捕虜になっても、奴隷になっても、生きて食いるほうがいいど思うな」

「哲は食うごどばっかりいうげど、人間にはプライドがあっぺ。原始時代は食い物は不足したがも知んにぇ。だけど、自由、平等な社会だったと思います」

哲夫はカッとして、

「ほんじぇ、お前、食わねでもいいのが!!　おめげで、何してパン売ってんだ！」

「そだごど、関係ねえ！　バガ」

「バガとは何だ！」

そこでわたしは割り込み、「今は勉強だよ。真理を追求する討論だよ。もっとも、哲夫は感じねのがな」と、挑発しました。哲夫は怒って、

「食うごどしか考えねどが、バガつうのは取り消してください！」

と発言し、杉本も、

「パン屋の話は取り消すのが?」

と、やり返すのでした。

この議論は、古代社会は奴隷の問題があってもやはり進歩だとする意見が最終的に支持されていきました。討論には「理非」を争う側面がありますから、どうしても「やっつける」ことになり、感情的になります。どのクラスでの討論もこうでした。組合の大会などの討論で、知的に、ユーモアもあり、満場を沸かせながら、手厳しく相手をやっつける、まるで芸術のような討論をする人が、たまにいます。国会の予算委員会質疑にも、まれにですがあります。授業での討論も、もっと知的に洗練されなければなりません。

◆スターになった明美

さて、このようなテンポのやり取りになると、武士も明美も取り残されてしまいます。けれども、七月に入って、明美、武士ら「できない」子のなかに、はっきりした変化が見られるようになりました。教科書にのっている事項についての発問や、社会的、常識的発問にたいしては、大声で手を挙げ、反応するようになったことです。

公民の授業のなかで、わたしは、何気なく、

「君らは、何歳になると結婚できるの？」

と、発問しました。すると、明美が、がばっと手を挙げ、

「はいよはいよ！　それは、おれにいわせで」

と叫びました。わたしはびっくりして明美を指しました。

「正式にはハダジ（二〇歳）。親がよければ、一八と一六」

そういって、明美はどたっと着席しました。

「へえー、明美さん、すごい。どこでおぼえたの？」

と、わたしはいいました。

「あとでない、おせっから」

と、明美は手を振りました。後になって明美はわたしに教えたのです。

「先生、あだしの姉ちゃんはない、一六で結婚したの。父ちゃん、大騒ぎしたんだがら」

「そうか。明美、お前、頑張ってんな」

「ん、社会だけでねぇぞい。英語も」

「そうか。まいった」

「おれ、がんばっから」

「ん。先生、明美ちゃん、大好きだな」

明美は、えへへと笑いました。細い線のような目が、さらにスジのようになりました。

学級対抗の水泳大会で、明美はすごい力を発揮しました。クロールでも平泳ぎでもだんぜんトップだったのです。学年の先生方は、わたしを含めて、みんな唖然としました。

「あの子、あんな力あったの？」

と、担任の先生があきれた顔をしました。しかし、子どもたちは、

「小学校からだぞい」

と、平然としていました。

◆「できない」子が立ち上がるとき

教師が「できる」とか「できない」とか言う場合には、一般的には教科の力、しかもペーパーテストの力を言っていることが多いようです。清掃を真面目に頑張ったり、友達と力をあわせて学級の仕事をしたりする子を「できる」子だとは言わないのです。

しかし、子どもたちが未来の様々な課題に向かって、したたかに生き抜く力、その基礎を学校がはぐくむのだとすれば、「できる」「できない」という言葉の意味は、もっと幅広いものになってくるでしょう。教師が見、評価する子どもの力は、部分的なものに過ぎな

いことは、学校を出てから久しぶりに参加する同級会などでもよく感じさせられることです。

それでも、学校はやはり教科の成績だけで「できる」「できない」を識別したがります。したがって、「できない」子といっても、今日の学校では、医学的障害をかかえ、専門的指導が有効な子どものことではなく、クラスの三分一を占めるような「できない」子の問題なのです。

わたしは、このような「できない」子への取り組みを、クラス担任をしていない学級での、主として社会科の授業に関わって述べてきました。これは「できない」子への取り組みとしては部分的な実践に過ぎません。もっと本格的に子どもの生活の変革をせまる取り組みのなかで、この問題にせまる取り組みや、学習の相互援助に基づく学級での本格的な学習運動の展開については、ここでは述べませんでした。しかし、子どもたちは「やればできる」という見通しがあるとき、学習に立ち上がるし、がんばりに対する教師の正当な評価や励ましがなされるならば、つらさや苦しさを喜びに変えていきます。さらに、自分の頑張りが仲間と学級集団に支えられていると分かったとき、子どもたちは全力で応えようとするのです。

わたしはまた、一人の教師であっても、激しく自分を変えることによって、子どもを変えるきっかけをつかむことが出来ると思っています。さらに、教師集団の団結は確実に子どもを変える保障であるし、子ども集団の力もまた教師以上の教師であり得ると思うのです。

Ⅵ 職場でどう生きるか

◆好んで教職に就いたのではなくとも

職業に就いている人のすべてが、好んでその職に就いているわけではないし、その職に夢を託しているわけでもない。それぞれに事情があって、その職を生業としているのだと思います。

それは、教職の場合でも基本的に同じです。大学の教育学部を出て、子どもが好きで教師になった人は、当然ですがたくさんいます。しかし、仕方なく教師になった人や、生活の必要に迫られ、とりあえず教師になった人もいるでしょう。

わたしの場合も、教職や子どもが好きで教師になったわけではありません。文学青年で、作家志望だったわたしは、「先生には夏休みや冬休みがあって、勉強する時間もあるだろう」程度の考えがあったに過ぎません。

しかし、どの職業でもいい加減な姿勢で勤まるはずもなく、教職の場合も同じです。特に教師の場合、思想・信条の違い、教育方法の違いを越えて、憲法・教育基本法が示す「平和的で民主的で、文化的な人間」を育てる義務があります。これは、すべての教師に課せられたものです。授業や生活指導を通してこのことに日常不断に取り組まねばなりません。これは、教師になる動機のいかんにかかわりない仕事です。

こうした仕事の他に、職場の仲間や管理職とどうつき合って生きるかという問題があります。

◇即席の踊りでデビューした組合活動

わたしの場合、六年間の記者生活を経て二九歳で教師になり、先ず授業や生活指導でつまずいたのは当然ですが、教職二年目で、当時日教組が組織した「一〇・二一闘争」（賃金闘争とベトナム反戦）のため、職場の同僚間の激しい討論、分裂、反目、校長・教育長・事務所長などとの交渉をいっぺんに経験したのでした。日教組は、教職員の一日の食費は上野動物園のシマウマより安く、鹿より少し高い、「馬鹿の真ん中」だと宣伝し、人事院の勧告を長年にわたって守らない政府を批判していました。わたしは東京で五万五〇〇〇円の給料でしたが、教師になっての初月給が一万七〇〇〇円でした。家内はわたしのタバコを「いこい」から「新生」に切り替えました。わたしは実感として、教師の賃金は安すぎると思いました。だから、この闘争は教師として闘うべきだという主張でした。

一〇月二〇日夜、福島県教組南会津支部の総決起集会がありました。寒い夜でした。教師たちは、冷たい床に座って、書記長の「経過報告」を聞いていました。報告が終わり、各分会からの報告に移っていきましたが、何とも重苦しい雰囲気でした。このままではとても「決起」できないと思い、わたしは手を挙げ、

「踊りを踊りたいので、許可してほしい」

と、発言していました。議長をしていた副支部長の目黒さんがわたしの意図を見抜き、にやりと笑い、

「どうぞ、やってくなんしょ」

と、議長席をずらし、

「このくらいの舞台でいいがし?」

「大丈夫です」

そういって、わたしはステージに立ちました。わたしは「七つの子」の歌を歌ってくれるように、会場の先生方に頼みました。

からす　なぜなくの
からすはやまに

かわいいななつのこがあるからよ

わたしは、二〇〇名近い東部地区の先生方の歌に合わせて、舞台いっぱいに踊りました。二度と同じくは踊れない、俳優座付属養成所仕込みの即席の振付によるものでした。踊っているうちに大きな拍手が起こり、集会の空気ががらりと変わりました。

わたしは、こうして「組合」にデビューしたのでした。その後、組合加入一年五カ月で、南会津支部の教文部長となりました。教組南会支部も、そろそろ「役者」が不足していた時期でした。南会支部は福島県教組の中で、一〇・二一闘争を最高の突入率で成功させました。

わたしは職場で二人だけの参加でしたが、懲戒処分(昇給三カ月延伸)というものを初めて受けました。この闘いは明らかに道理は組合の側にありましたから、不当処分撤回の闘いがはじまりました。わたしは、この頃すでに「職場の核」としての自覚をもっていました。この職場は、わたしが中心になって変えていくのだ、明るく楽しい民主的な職場に創り変えていくのだと決意していました。

◆汚職癖の校長を追及する

校長が新しくなりました。この校長は前の学校でお金のことで何かあったらしいことがわたしの耳に入ってきました。それはもうほとんど「病気」だから、周りのものが気をつけてやらないとだめだということでした。だから校長室に洋服屋など呼んで、機嫌よくしているときは最も危険な兆しだから、という話でした。

ある日、それはやはり校長室に洋服屋が訪れ、胴回りなど計っていった日の午後のことです。養護の白川先生がわたしに相談があるというので、保健室に行きました。

「先生、困ってしまった」

「どうしたんですか？」

「校長、牛乳給食費の残金、わたしから取り上げたまま返さないのよ」

「残金？　残金はゼロという報告じゃなかったの？」

「それが、違うのよ」

と、彼女が話したのは、こうでした。

昨年と今年の残金を合わせて一二万なにがしかを「残金」として報告書の下書きを書い

たら、校長に叱られた。そして、保護者も見るのだから単年度分だけの報告にし、残金ゼロの形にするように、と指導された。残金はしばらく校長が預かるというので、通帳と印鑑を渡した。新年度の係も決まったのに、まだ引き継いでくれない、どうなるのか心配だ、というのでした。

「じゃ、明日の朝でも話しましょう」

「たのみます。上手にやってよ」

わたしは、驚き、あきれ、そして時間がたつにつれて腹が立ってなりませんでした。この校長は先生方個々人には当たりがよいのですが、教頭を一時間近く「不動の姿勢」で立たせたまま、自分はソファにふんぞり返り、口汚く説教するのです。教頭は真っ直ぐ職員室に戻れず、トイレで泣き、顔を洗って出てくるのでした。

また、この校長は生徒の名前も顔も全く覚えようとしない人でした。校区の旅館で宴会があった時、旅館では人手がたりなくて中学二年の娘・正子を手伝わせていました。すると校長は正子に目をつけ、

「おねえちゃん、こっちへきな」

と、呼びつけ、手を握ったのです。

「うちの生徒です」

と、二学年主任が耳打ちし、校長は、慌てて手を放したのでした。

さて、翌日、朝の職員打ち合わせ時にわたしは発言しました。

「校長先生にお聞きしますが、牛乳給食費の会計報告を、校長として承認していますが、あれは、間違いではないですか?」

「いや、間違いじゃない」

「そうすると、昨年、今年の残金はゼロなんですね!」

「……いや、それは、残金はあります」

「そうですか。残金はあるのですね。いくらあって、今、誰が持っているのですか」

「一〇万ちょっと、わたしが預かっています」

「父母はもちろん、わたしも毎月少ない給料の中から給食費を払ってきました。一〇万円の残金となれば、わたしのクラスの父母の分が五九七六円、わたしの分も一六六円入っています。わたしは、いま見たいので、出してください」

「あの、通帳は自宅なので、明日でいいですか」

「自宅にあるんですか。それでは今すぐはムリですね。明日お願いします」

わたしの発言中、何人かの先生方がしきりに床を足でこする音がしました。この合図は「賛成」「がんばれ」の意味で、職場会で、誰かが発言して賛成の拍手がろこつに出来ないとき、足で床でもこすろうという話になり、何人かの先生が実行していたのでした。

翌日、校長が白川先生のところに返していった通帳を見ると、何度か金が引き出され、最後に引き出された分と合わせて、現金で補ってありました。

◆職場の民主化のために

それから間もなく、わたしは今度は事務の山田さんから呼ばれ、旅費の帳簿を見せられました。驚いたことには、旅費総額の九〇％以上が校長、教頭他二名で使われていました。一番少ない教師は遠足の三二〇円というありさまでした。

わたしは、このことを職員会議で明らかにし、旅費配分委員会をつくるよう提案しました。校長、教頭を含めて、この事実に驚きの声があがりました。よく調べたものだ、とか、いったいどういう計画に基づいて旅費を使っているのか、といった意見が出ました。校内に旅費配分委員会をつくるべきだというわたしの提案は、そのままは通りませんでしたが、公平になるように、充分配慮して支出することを校長が確言しました。

放課後のクラブ活動についても、わたしは追及しました。

「もし事故が起こった場合、生徒は安全会の適用を、教師は公務災害の扱いになるように、校長としては考えるのが当然と思いますが、どうですか」

「もちろん、実際に起こった場合には、時間をずらすとか、可能な手は打つつもりです」

校長がそう答えた翌日、柔道部の子が脚の骨を折ったのでした。

それは、中体連の前日でした。わたしは、ムシが知らせたように、校長に食い下がっていたのでした。

「……義務免ですか、出張ですか、はっきりさせてください。事故でも起きて、公務災害の適用を受けられないでは困りますから」

校長はしばらく黙っていました。教頭が立って、

「わたしは、当然、出張であると考えます」

と言い、校長も頷きました。

そして翌日、佐久間先生は車で応援団の楽器を積み、中体連会場に向かう途中、落石事故にあったのでした。

この頃のわたしは、職場でたたかうということを、即、校長とたたかうことと、かなり機械的に考えていたのでした。校長は、「毎日、真綿で首をしめられているようだ」とこぼし、朝の打ち合わせを一週一度にしてしまいました。

しかし間もなく、今度は三学年主任に向かって、「補習を一所懸命やれ。東山温泉で芸者を一人ずつ抱かせてやる」と失言し、わたしや三学年の先生方から追及され、その言葉を取り消すことになりました。

一方、「病気」の方もさっぱり直らず、洋服屋をまた校長室に呼んでいました。今度は何だろう、といろいろ調べても分かりません。用務員のおばさんが、宿直の夜に、「欅《けやき》の木」の謝礼が入ったはずだがというので、会計の先生に確かめました。すると、そんな金はこちらには入っていないというのです。新校舎建築のため学校の古い庭木がじゃまになり、それを処分した「謝礼」の金に間違いない、ということになりました。わたしたちが、もたもたしているうちにグレーの洋服が出来上がり、校長はそれを着て、朝礼で機嫌よく話し出すのでした。

「さて、みなさん、石川啄木の詩に、こんなのがあります……」

◆職場を自らが〝生きる場所〟に

わたしはその後、下田中学校（八年）、大野中学校（一三年）、そして最後にまた下田中学校（三年）と勤めて定年退職するのですが、一貫して「職場の民主化」のためにたたかいました。しかしそのたたかいは、権利や勤務条件のたたかいから「教育要求」を中心にした内容に変わっていきました。わたし自身も授業や生活指導の実践や研究に打ち込み、教師はたんなる労働者ではなく社会的使命をもっていることに気づいていきました。

わたしは、いつか、子どもや教育について熱く語る教師になっていました。そして、そのことを誇りに思いながら定年を迎えることができました。

わたしは、教師をめざしている人たちには、胸をはって教師になってほしいと思っています。子どもとその未来に夢を託すこと、こんなやりがいのある仕事に身をおくことは大変な幸せだと思います。画家や彫刻家は無気質の対象に造形します。教師は生きて成長する「命」にはたらきかけるのです。医者は命を救いますが、教師は命を育てるのです。

あの先生の授業は楽しい、あの先生が好きだ、あの先生がいるから学校に行く、あの先生のお陰で、いまのおれがある、あの先生のように生きたい……と言い出す子どもたちを何人育てることができるか、三〇数年の勝負です。

職場でどう生きるか、そこを単に事務的に仕事をする場所としない、〝生きる場所〟とする姿勢が必要となるでしょう。

Ⅶ わたしが描く教師像

◆「志」の高い教師になる

まず、「志」の高い教師になることについて述べます。

子どもたちの「夢」が年々しぼんできています。探検家になって、アフリカ大陸や北極に出かけるとか、政治家になって世界中の貧しい人々を救うんだなどといった類の「夢」は、もう久しく子どもたちの口から出てきません。「二十年後のわたし」とか「将来の夢」という題で作文させると、「農業はつらいからいやだ」とか、「サラリーマンがいい」「子どもは三人以上つくらない」「ローンの返済もあるし、共かせぎもしかたない」「犬は死んだとき可愛そうだから飼わない」「庭に小さな池をつくり、コイを五匹泳がせたい」などと、何とも所帯じみた話をこまごまと書きつづる子が多いのです。

これは、どういうことなのでしょう。一つは、今の子は知的に高く、醒めた目で現実を見ているということでもありましょう。しかし、子どもはもともと途方もない「夢」を抱くものではなかったのか。だとすれば、子どもたちの「夢」をしぼませてしまったものは何か。子どもの世界にあることは、すでに大人の世界にあったことだといわれますが、そうだとすれば、子どもの夢がしぼんでしまったのは、大人の生活が萎《な》えているからだということになります。家庭や学校や地域で、親たち、教師たち大人が、明日や未来・将来の話を生き生きと語っていない、いや語れないほどに、追いつめられているのだ、と考えられます。

農家の父親が酒の席でわたしに、「わが（自分）の行く先もわかんねのに、息子に後を継げと言えるか」と言ったことがあります。わたしの同級生でもある彼は、さらに「お前は社会科の授業では、どう教えていんだ？　農業なんてやめろ、未来がない。農業で頑張れ、つらくとも頑張れ。どっちなんだ？」と、わたしに迫ったのです。

わたしは、葉たばこと乳牛と稲作で頑張っている地域の専業農家の青年に、「あんたは、何で農業で頑張っているんだ、その気持ちや、あんたの農業経営について、中学生に分かるように書いてくれ」と頼み、青年は一冬かかって、原稿用紙七〇枚の文章をまとめたのです。「今、なぜ農業か――何てったたって農業」という表題のその文章を、わたしはワープロで活字にして冊子を作り、子どもたちに読ませました。子どもたちはまる二時間、ぴくりともしないでこの文章を読み切ったのでした。

農家の長男でありながら「田のくろ（畔）」の意味もわからなかった正勝は、「……僕が一番強く感じたことは、まずこの文の全部をうちの父と母に見せてあげたいということです。父と母はよく働きます。少しぐらい体の具合が悪い時でも働いています。何で、農業やめねのい？　と僕が聞くと〈俺は、これしかできね〉といいます。僕は、農業をやるかどうか、まだ決めていませんが、やるときは、この康則さんのように、自信をもってやりたいと思いました」と書いたのでした。

さて、わたしは、若い教師の皆さんに、子どもに向かって「夢」を語れる教師になってほしいと思っています。もちろん、たあいのない絵空事を語れというのではありません。生活の現実をリアルに見つめ、その改善のための見通しや行動の仕方をきちんと示せる教師になってほしいということです。教育という仕事は、ごくおおざっぱにいえば、キチンとした学力を身につけ、しゃんとした生活のできる子を育てることです。そしてこのことは、今日、特別に困難な状況におかれています。教師なら誰だってよい授業をやりたいし、しっかりした子を育てたいと思っています。しかし、現実の教室には授業に絶望している子、生活の荒れ切った子などが少なくなく、教師の苦悩は深いのです。誰かの歌ではないが、右を向いても左をみても、世の中暗い話が多いのです。

しかし、わたしは思うのです。子どもの前に立つとき、教師は否応なしにリーダーである、と。学習に絶望している子がいるなら、その子にふさわしい迫りかたで学習の喜びや素晴らしさを分からせ、立ち上がりを励まし、援助しなければなりません。また背負いきれない不幸に傷つき、荒れている子がいるなら、その苦悩を共にしつつ、それに屈しない力を子どものなかに育てなくてはなりません。子どもの前に立つ教師は、リーダーとして、否応なしにこのことをやり切ることが求められているのです。

そのためには、教師は、世界や日本の政治・経済・社会・文化・教育についてのようすが分かり、その歴史的課題の解決の問題と、目の前の子どもや学校、家庭・地域の問題とを結びつけて捉えることの出来る力量を身につける必要があります。若い教師のみなさんに、わたしは、単に目の前の子どもや学級をどうするかということだけでなく、広く日本の教育をどうするか、どんな研究や運動がいま必要なのかを考え、そこから、目の前の問題を捉える心構えをもってほしいと思います。

子どもといっしょに、憲法や教育基本法が示す、平和で民主的で豊かな文化をもつ日本と世界の未来を拓く、「志」の高い教師になってほしいと願っています。

◆子どもの「生活台」が見える教師になる

二つ目に、子どもの「生活台」が見える教師になる、ということです。

もう一〇年以上も前のことですが、わたしの学校は三年生を中心に〝荒れ〟の頂点に達していました。わたしは、校長室に呼ばれ、

「あんたのやり方でもいいから、このぼろぼろの生徒指導を何とかしてくれないか。校長として全面的に協力するから」

といわれました。

わたしは、後に引けず、生徒指導主任となりました。わたしは、生徒指導の基本方針と年間計画、月別重点指導項目を職員会議に提案しましたが、そのポイントは、
1、体罰をやめること。
2、生徒とのふれあいを強化すること。
3、行事を感動的に盛り上げること。
4、生徒会の活動を活発にすること。
の四点でした。さらにわたしは「生徒をどう捉えるか」について、次のように提案しました。

生徒は学校・家庭・地域の三つを生活台として生きてきた。そして、生まれたときか

ら「非行」の子など一人もいなかった。だから、問題を起こしたり、「悪い子」になってしまったのは、この三つの生活台のどれかが（あるいは三つともが）、生徒をまっとうに育てる力を失ってきた（正確には失わされてきた）ということである。だから生徒がどんな悪いことをしても、それは彼らが発達を疎外され苦悩しているのだ、と捉えることが必要である。教育という仕事は、子どもを信じ、その未来に夢を託することを前提にしている。この前提を失っては、教育は成立しないし、これを失った教師は教師であり続けることは出来ない。したがって教師は、どんな生徒に対してもその苦悩を受容し、共感し、そのうえで、人間としてのまっとうな生き方を要求し続けることが大切である。

わたしの学校では子どもの見方をこのように変え、先に示した四点の実践によって、荒れた学校を再建することが出来ました。わたしは、若い教師のみなさんに、子どもの生活台がきちんと見える教師になってほしいと思っています。それは、わたし自身が子どもが見えない教師であったために、強くそう思うのかも知れません。

いまの子どもたちは、どの子も同じ制服を着て、同じ色のジャージに着替えて学校生活をしていますから、ぼんやり見ていると、みんな同じような子に見えてしまいます。真新しい制服や石油でつくったジャージに身を包んだ子らの背景に、どんな重い生活があるかなど、つい見落とすことになりがちです。わたしは、教師になったばかりの頃、恵子という子が学校を休むのは「集金日」に限られていることに気づかなかったり、敏一がお昼にいなくなるのは弁当をもってくることが出来ない事情によることを生徒に教えられるという、何とも恥ずかしい教師でした。

では、子どもの生活台をきちんとつかむために、教師はどんな努力をすべきなのか、わたしは次の六つのことを考えています。

1、家庭訪問をくり返すこと。
2、学級で生活改善や学習運動を展開すること。
3、子どもに生活をつづらせること。
4、地域（学区内）に住むこと。
5、青年団など地域の組織に参加し活動すること。
6、生活指導の地域サークルに参加し学習すること。

★家庭訪問をくり返す

家庭訪問をすること、これは教師なら誰でも実行しています。しかし、せっかく訪問しながら、大切なことを見落としてくることが案外多いものです。福島県に吉成という教師がいますが、この教師は四八人の生徒の家に四八泊の泊まり込み訪問をしました。子どもとその家族の生活の現実を知らないで教育など出来ないという思いからです。

いま、こういう実践をする教師はいなくなりました。しかし、家庭訪問では、子どもがどんな育ち方をしたのか、父親・母親がどんな仕事で暮らしを支えているのかなど、基本的なことは工夫をしてつかむ必要があります。子どもがなにか問題を起こすと、すぐ学校に親を呼びつける教師がいますが、思い上がった姿勢であり、そういうことでは決して親の心を開いたり、信頼をかちとることは出来ません。こういうときこそ、教師が家庭を訪問すべきです。

★生活改善や学習運動に取り組む

学級で生活改善や学習の運動に取り組むことが大事です。わたしのクラスで「遅刻をしない」取り組みを展開したことがあります。班長会でいつも遅刻する正行君が問題になったとき、一人の班長が、「みんな遅刻しないように学校に向かって走るのに、正行君は学校の反対の方に走るんだよ」と、発言しました。正行の母親は夜、内職仕事をやるのですが、朝まで持ち越し、正行と妹が手伝ってようやく仕上げるのです。正行はそれを風呂敷に包み、走って届け、引き返してまた学校に走るというのです。班長たちとわたしは、否応なく正行と母親の生活に向き合うことになりました。

また、英語の学習運動に取り組んだときには、男子の班長たちが、高一の家に押しかけ、石磨きの仕事を高一と一緒にやり、時間をつくり出して学習に取り組むことをやってのけました。教師はこのように、学級の子どもたちを動かすことによって、子どもとその生活を知ることが多いのです。

★生活をつづらせる

子どもに生活をつづらせることも大事です。教師との交換ノート、班ノートなどによっても、子どもの様々な生活を知ることができます。しかし、男の子などのノートには、一行くらいのそっけない文章しか書かれていないこともしばしばです。これは、書くことがないから書かないのではありません。教師の方が粘り強く書きつづけるなかで、次のような文章をいきなり書いてきたりもするのです。

「先生、ぼくの家では今、毎日ケンカです。ケンカの原因は、農業をこのまま続けるか、止めるかです。母は農業の方が安定しているといい、父は、もう農業なんて卒業したといいます。石屋をやるといっています。ぼくは父のいうことに反対です。農業なんて卒業するものでないと思います。でも、まだどっちにするか決まっていません」

★学区内に住む

地域（学区内）に住むことも大切です。学区外の都市部に居をかまえ、学校へは車で通勤する教師が増えています。個々の教師によっては、それぞれ理由があってそうしているわけですが、理想を言えば、学区内に住み、生徒と一緒に登校出来るのが一番いいのです。遠くから車で通い、部活動で遅くまで学校にいる教師にとっては、地域は車窓を通過するだけの風景になってしまうでしょう。けれども、本当はどこに住むかの問題以上に、その住んでいる地域で、一住民としてどう生きるかがより重要なことであると思います。

★地域の組織に参加する

青年団などの地域の組織に参加することも大事です。

若い教師が青年団に加入し活動することは、以前は当たり前のことでした。今でも音楽の教師が地域の音楽サークルに入ったり、青年教師が野球のチームに加わったりする場合があります。わたしも隣組の組長になり、組長会の会長になって、各家庭のトイレの消毒から文化祭、葬儀の大世話人まで、一通り取りしきったものです。教師が地域住民とともに喜び、悲しみ、怒って生きてこそ、地域の生活や課題も見えてくるというものです。

★サークルに加入する

教育研究の地域サークルに参加し学習することも重要です。

わたしが入っていた民間研究団体で全生研（全国生活指導研究協議会）という団体がありますが、この全生研は各都道府県に支部があって、地域にそのサークルがあります。こうしたサークルに参加し、仲間と一緒に学習することは、子どもや家庭や地域の現実を知る上でとても大事です。

全生研の大会は毎年夏、開催され、二千名規模で若い仲間が参加します。この大会には必ず「基調提案」が出され、そこには、政治経済の状況はもちろん、教育と子どものようす、必要とされる実践の提示など、大切な方針が出されます。全生研はすぐれて民主主義を身をもって追求する団体であり、若い教師のみなさんの参加が今日とくに求められています。

◆指導力をみがく教師に

三つ目は「指導力」をみがく教師になる、ということです。

わたしは若い教師のみなさんに、自分の指導力をみがくために研鑽に励む心構えをもってほしいと思っています。若い教師に限らず、いま多くの中学校で、「管理」と「指導」を間違えたり、体罰こそきびしい指導だと思い込んだりする誤った傾向がはびこっています。いったい、「指導」とは何か、「管理」とはどう違うか、そして「体罰」はなぜいけないのか、さらに「指導力」をみがくためにどんな研鑽が必要か、などについて述べてみたいと思います。

指導と管理は違います。

広辞苑を見ると、指導と管理について、次のように出ています。

〈指導〉ゆびさし導くこと。教えみちびくこと。

団体などの組織・方針・政策などを決定し、成員をその目的に向かって率い導くこと。
児童生徒の学習に有効適切な刺激を与えて学習を望ましい方向へ発展させること。

〈管理〉外部から児童の行為を規制し、その悪に傾くのを防ぎ、秩序と規律とを維持すること。
〈監理〉監督・管理すること。とりしまり。

これを見れば誰でも気づくように、指導という言葉の概念には、管理や監理と違って「強制」する「力」が入っていません。指導は、教師が道理を説き、子どもが納得してそれを受け入れる、「説得」と「納得」が基本であるというのは、ここに由来していると思います。

一方、管理や監理は、「規制」したり「とりしまる」ことなので、その背後に何らかの「力」があり、子どもの納得の有無に関わりなく従わせる、という性格の概念です。

ところで、教育の現場では、指導（最近では支援）という言葉がまさに氾濫していますが、「管理」「監理」という言葉はあまり使用されていません。「きちんと管理してください」と言うべきところでも、「きちんと指導してください」というのが普通です。そして実態は「きちんと指導すべき」ところでも「きびしいとりしまり」に置き換えてしまっていることが多いのです。

これはどういうことなのか。善意にとれば、教育という世界には本来強制したり、とりしまったりする管理・監理というのはふさわしくないのだ、すべてが指導の通る世界であるべきなのだという美しい理想主義があるのかもしれません。しかし、意地悪くとれば、教育の現場にはまだまだ教育を科学として確立する力がなく、指導と管理の区別にも無知で、あるのは管理と体罰を「指導」に置き換えて恥じない堕落と頽廃であるといえるのかも知れません。そこまで教育の現場は追い込まれているのだと思います。

体罰は指導ではありません。このことはすでにくわしく述べました。

指導力をみがくために、例えばわたしの場合、先輩のすぐれた実践の記録をたくさん読み、一つの困難な問題にぶつかった場合には、同種の問題を解決した三人ぐらいの実践が頭に浮かぶようにしていました。

とにかく教師は、寝る時間をけずってでもたくさんの本を読まなくてはなりません。

◇仲間の教師を信頼する

四つ目は、仲間と力を合わせる教師になるということです。

人間は「人の間」と書くように、一人では生きていけません。教育も同じです。職場の仲間と力を合わせ、仕事を分担し、協同して仕事に当たるのです。一見、一人でやっているように見える授業でも、教える内容は人類協同の遺産であり、方法、技術もまた協同の遺産であります。一人の責任で分担する仕事でも、実は過去のさまざま実践の上になされるものなのです。

だとすれば、職場の仲間とどう関わり、どう生きるかが教師としてきわめて重要な問題になります。そのためには、

1、教師を肯定的に見ること。

2、信頼を得ること。

3、一人ででも頑張るときは頑張る。

この三つが大事になってきます。

会議では発言しない人と決まっていたB先生が、あるとき発言しました。それは何をや

ってもダメな学年とされていた二学年が、見事に学年キャンプを成功させ、音楽の先生が感激して泣いた夜の職員打ち合わせ会の席でした。B先生は、「こういうことが大切なんですね。下手な説教ではなく、こういうことが大切なんです」とくり返したのです。

B先生はおそらく「下手な説教」中心の指導に傷つき、絶望していたのだと思います。指導の展望が見えた時、B先生は感激し、つい発言していたのだと考えます。教師を肯定的に見るとは、教師、いや人間は変わるのだということに確信をもつことです。

職場で信頼を得ることは大切です。

早めに余裕をもって登校し、先生方に明るい声をかけること、元気のない先生には「先生、どうしたんですか」「元気ないですね」とやさしく話しかけること。これは子どもに対しても同じです。最近は教師も子どもも元気がないので、この話しかけは有効です。

また、実務をきちんとやり、できたら他の人の仕事も手伝ってあげること、渡された文書はきちんと整理し、誰かに「あの文書ありますか」といわれたら、ハイと答えて間を置かずに、その求めに応じられることが大事です。「ちょっと待ってくださいよ」といって何分もかけ、あちこちの山脈を探すようではダメですね。出席簿を焼却炉で燃やしてしまったなどというのは絶対にまずいです。

仲間の悩みや困りごとに敏感であり、その解決のために心を砕き、行動を起こすこと、出来るだけ早く組合にも加入し、何かの仕事を受け持つことが大切でしょう。

一人ででも頑張らなくてはならないときがあります。

わたしの場合は、体罰とのたたかいがそれでした。このことはⅡ章でくわしく述べています。

学校が荒れ、わたしが生徒指導主事になり、体罰否定の方針を出したとき、誰一人反対者はいませんでした。わたしは公的に勝利し、実質的勝利への大きな一歩を踏み出すことができたのです。

子どもや親の願いや要求に添って、私心なく発言し、行動するとき、決して一人になることはないのです。日本の教師は信頼できるのです。竹内常一先生も言っています。浮くこともできない人間が、どうやって沈むのか、と。

◆教育を「お上《かみ》」のものにしない

五つ目は、教育を「お上」のものにしない教師になることです。

明治政府は「殖産興業」「富国強兵」のための人づくりとして近代学校を設立しまし

た。そしてこの学校は、戦前・戦中にかけて国家主義・軍国主義政治の具に供せられました。しかし、戦後、日本国民は三百万人の命とひきかえに、日本国憲法と教育基本法、そして児童憲章などを手にすることが出来ました。念を押しますが、この法律・憲章は「現行」のものであること、今も生きているものであります。教育基本法第一〇条は次のように述べています。

教育は、不当な支配に服することなく、国民全体に対し直接責任を負って行われるべきものである。

ここには、戦争とその時代に、教育が政府・行政の「不当な支配」に屈したことへの反省と戒めが込められています。つまり、二度と再び「教育をお上のものにしない」ということ、国民全体に直接に責任を負うのだということを示しています。

親の子育ての延長上に学校教育を、というのは、わたしの尊敬する橋本富男先生の言葉ですが、これは、教育を決して「お上」のものにしないという教育基本法の考えであり、教育は父母国民のものである、ということです。そしてこのことは、今日たいへん困難な状況におかれています。一つは管理の強化であり、二つは激しい受験競争です。そして第三は臨教審路線による、学校教育の総体を新しい国家主義的道徳教育でくろうとする動きです。

しかし、こうしたなかにあって、あくまで教育を父母国民のものとする立場を堅持して実践を展開している教師も、当然ですが多いのです。例えば、わたしの住んでいる福島県でいうと、『親と共に育てる教育』（県内出版）を書いた鈴木元夫さん、三木つよしさんの実践があります。鈴木さんは、東京生まれの東京育ちでありますが、福島県内のへき地や小さい学校にこそ教育の原点があるし、今でも学校が学校として残っているという認識があるのかも知れません。彼の発行する分校通信は全戸配布であり、地域の新聞と呼ばれていました。分校廃止の問題が持ち上がった時、強引な地域ボスたちの動きに反対して立ち上がったのは、鈴木さんが一緒に活動していた青年団の若者たちであり、分校通信の愛読者であった母親・おばあちゃん・おじいちゃんたちでした。この人たちはさまざまな嫌がらせをはねのけ、署名を集め、部落総会での反対決議を勝ち取ったのでした。この闘いは農村破壊への抵抗であり、地域自治をめぐる民主主義の闘いでもありましたが、何よりもわたしは教育を「お上」のものにさせない闘いであったと思うのです。飯豊小時代の鈴木さんは、母親たちのサークル「生活をつづる会」を結成し、母親たちが子どもの成長を願い、本音で生活をつづり、交流できるよう、指導し励まし続けたのでした。

三木さんもまた、こう語っています。「私は教員になって以来、ずっと、バカの一つ覚えのように信じこんで実践してきたことがあります。それは〈親と手を結ばなければ、教育の目標は達成できない〉ということでした。学級通信や教育を語る会はその表れの一つだったわけです」と（前掲書）。

三木さんは教師になって初めての地、浮金で、小中の先生方と一緒に、浮金「教育を語る会」を結成し、活動を展開しました。校長、地域ボス、地教委、警察など、さまざまな攻撃を一つひとつはね返し、屈せずに活動しました。母畑小に移ってからも、母親との交流ノート、学級通信を出し、ていねいに、一人ひとりの子をはぐくむなかで、母親たちの自主的なサークル「教育を語る会」結成を援助し励ましていったのでした。

◆教師の思想と技術

若い教師の皆さんや、教師を志している学生の皆さんを念頭に、教師の心構えについていろいろ述べてきましたが、次の五つのことを特に訴えて結びたいと思います。

第一は、教師にとって決定的に大切なことは、どんな思想をもつかということです。わたしとしては、憲法・教育基本法の精神を体すること、これが教師の思想でなければならないと考えます。そしてこれは、「平和」「民主」「文化」の社会像、人間像をつかんで放さないことであると思います。教師は恣意的に子どもを育ててはなりません。憲法・教育基本法こそ、すべての教師の思想の基本であるべきだと信じます。

第二は、しかし、教師は現場で子どもを育てるわけですから、思想や願いだけをふりまわしていても始まりません。思想が指導の指先にまで具体化する方法・技術を身につけなければなりません。日本の教師は、この方法・技術について軽視する悪癖が今でも残っています。とくに戦前・戦中の教師のほとんどは「生活指導」で悩むことなど少なかったのです。なぜなら、戦前・戦中の教師たちは「天皇陛下」を背にして立っていたからです。子どもたちが彼らに反抗したり、「言うことをきかない」などということはありえなかったのです。このことは、日本の教師の教育技術の研究や実践を大幅に遅らせる原因にもなったのです。教師は思想と技術を統一して子どもに当たることが不可欠です。

第三は、くり返しますが、実践は子どもの肯定的側面や変わらない本質にはたらきかけることからはじまるのです。

教師のなかには度し難い「完全主義」があり、子どもの否定的側面（悪い点）を改めることから取り組みを始めますが、これは結局は「もぐら叩き」となり、疲れと挫折をもたらします。それ以上に問題なのは、「悪い点」がなくなると、そこで実践が「止まる」ことです。「荒れ」に取り組み、これをおさめた学校のほとんどの教師たちが「いっぷく」するのはそのためです。教師は断固として、この悪しき完全主義から脱却しなければなりません。

第四は、失敗を恐れるなということです。教師になって翌日からうまくいくことなど絶対にありません。失敗していいのです。一〇年くらい子どもにとってマイナスでも、残りの二〇年でプラスにすればいいのです。ゆったり、楽しく頑張りましょう。ただ、若い教師は若い時代にしかできない実践（遊びまくる、など）があることに目をつけ、やってみましょう。

第五は、「学級崩壊」「学校崩壊」と呼ばれる現象は、「新しい子ども」の登場や、父母の民主的要求に「教育の論理」で太刀打ちできなかったとか、「マスコミの学校たたき」などに原因があるのではない、ということです。

本当の原因は、この国の政治の貧しさ、経済の不平等、社会・文化の頽廃が、子どもから家庭を奪い、財界の要求第一の文部行政が学校・教師・子どもをしばっているところにあります。

したがって、こうした状況を克服していくためには、「力の支配」などによるのではなく、子ども・教師・学校・家庭・地域の肯定的・発展的側面に着目し、そこを切り口にして「子育て協同」の輪を広げていくことです。

子どもをどんなに分析し、解釈しても、子どもは変わりません。学校や家庭や地域の変革をめざして教師がたたかい、子どもたちを学校生活改善のために立ち上がらせていくなかで、子どもは変わっていくのです。

わたしの近況報告
――あとがきに代えて

一冊の本を書き終わると、必ず不満が残る。その不満を「あとがき」に書くことが多くて、著書の「言い訳」のような感じになり、何ともすっきりしなかった。しかし、今回は書いている途中から、次の作品への激しい意欲が盛り上がってきていた。

わたしの家に住み込んだ一七匹の猫たちの物語を書きながら、退職教師の生き方を追求してみたいという思いである。

現在、わたしの家には九匹の猫がいる。一時期は一七匹になったことがある。その名前だけを述べると、チビ、玉、シロ、ミー、チッチ、クック、ワーちゃん、ミド、ファド、レッシー、ソラオ、チビシロ、タロー、ジロー、オセロー、アカ、ガンジーである。

チビはわたしの退職年度の一〇月一〇日夕方、わたしの家に押しかけてきた。わたしが学校から帰ると、家の前の池の端の石の上に妻が困った顔で立っていた。足元に握りこぶしほどの黒斑《ぶち》の子猫がからまっていた。

「いくら、追い払っても、からまってくるのよ」

「……今日は、一〇月一〇日だな」

「そうなのよ、司（息子の名）の誕生日だから、素直（亡くなった娘の名）がプレゼントしたのかと思ったりして……」

司はわたしの長男で、小学校の教師であり、結婚して四年目だったが、まだ子どもに恵まれず、わたしたち夫婦は時々「あの夫婦は子どもができないのかな」などと会話していた。亡くなった娘が、わたしたちに息子の誕生日を選んで、子猫をプレゼントしたのかも知れないと、わたしたち夫婦は何の違和感もなく話していた。

「よく洗ってやって、飼うことにするか」

と、わたしは言った。わたしは小さい頃から動物が好きで、奇麗な顔だちの三毛猫を一三年間飼ったことがあった。妻はそれほどでもなかったのだが、足もとの子猫を抱き上げ、

「チビ、こら、チビ」

と勝手に名前をつけ、ダンボール箱に毛布を敷き、山砂を集めてトイレを作り、風呂場の入口の空間に置き、牛乳を飲ませた。チビは黒斑の虎猫だが、鼻がピンクで目から口も

とがシンメントリーな容貌で品があった。

翌日、学校でチビの話をすると、大原先生が、自分のクラスの美由紀の家の子猫が家出して探しているというのだった。美由紀の家では、父母が離婚をすると大騒ぎになっていた。父親はインドネシアの採石現場に出稼ぎに行き、お金を自分の実家の方に送っていたので、母親は毎月、夫の実家まで出かけて生活費をもらっていたが、お金が送られてこない月もあり、母親は美由紀と姉の教材費を工面するのに苦労していた。母親は田畑の仕事を手伝ってくれる部落の男性二、三人と関係し、モーテルに通ったり、お金をもらったりしていた。また、そういう関係を知っていたもう一人の男性から「バラすぞ」と脅かされ、無理に関係を迫られていた。

そこに、失業した父親がインドネシアから帰ってきて、離婚騒ぎになったのだった。母親と姉が実家に帰り、猫も家を出たということらしかった。猫は黒斑で名前は「ミー」という。「もし、ミーと呼んで、返事をするようだったら、それは美由紀の家の猫だわい」といわれ、わたしは夕方急いで家に帰り、風呂場にいった。チビはわたしの顔をみて、あくびをし、背伸びをした。わたしが思い切って、「ミー」とよぶと、ニャーと返事をした。わたしはがっくりきたが、やっぱり美由紀に話すしかないと思い、学校に行った。す

ると美由紀は、
「先生、うちの猫は、夕べ帰ってきたぞい」
と言うのだった。わたしは飛び上がりたいほど嬉しかった。

玉とシロは翌年の二月、大雪の吹雪く夜にわたしの家の縁側に立ち、身体を寄せあってわたしを見ていた。二匹とも北欧系の大きい白猫で一匹は金色の目、もう一匹は左が金、右が銀色だった。おまけに、耳が緑色、頬が紅色、オチンチンがオレンジに染められていた。わたしは役者の「玉三郎」を思い浮かべ、「玉」と「シロ」と呼ぶことにした。退職記念授業のために忙しく準備していた頃であった。この二匹はわたしの教え子の家で生まれ、四〇歳を過ぎて独身でいた男にもらわれていったが、彼が新しく犬を飼ったので、二匹は怒って飛び出してきたことがあとで分かった。

ミーは同じ年の冬、けたたましく押しかけてきた。尻尾が稲妻のように曲がっていたが、顔立ちが上品な三毛の雌猫だった。わたしの顔を見て大声で鳴きつづけ、餌を出すと身体いっぱいで喜び、わたしの足にからみつき、餌を食べてはまたからみつくのだった。

ミーは雌猫だったので、やがて玉とシロが激しく争い、玉がシロを追い出してしまった。チッチ、クック、ワーちゃんは、玉とミーの子どもたちである。ミーは私の家から少し離れた空き家で三匹を産み、わたしがチクワを運んで育てたので、チッチ、クック、ワーちゃん、と名づけたのである。

三匹とも玉に似た真っ白い子猫であった。チッチは愛情表現を引っかくことで示すので、遊ぶときは手袋をはめる必要があった。クックはコバルトブルーの目をした姿形のよい猫で、特に尻尾が長く美しかった。ワーちゃんは身体が小さくていちばん人なつっこい猫だった。しかし、ワーちゃんはもらわれていった先で交通事故で亡くなり、後を追うようにクック、チッチが交通事故で亡くなった。外傷はなく、薄く鼻血をだしていたクックは、身体が硬直しているのに、息を引き取るとき、あの見事な尻尾を振ってあいさつした。わたしは声をあげて泣いた。

福島県で全国生活指導研究協議会の大会があり、私は現地実行委員長だった。この大会から帰ってくると、ミーが四匹の子猫を産んでいた。

ミド、ファド、レッシー、ソラオと呼ぶことにした。孫たち（息子夫婦に二人の子が生まれていた）の見ていたテレビ番組からとった名前だった。ミドは尻尾がリボンのようにまるく、赤斑《ぶち》で目が黄緑だった。ファドはミーそくりの顔立ちで性格もきつかった。レッシーは目が金色で身体はクックと同じく見事な尻尾をしていた。ソラオは目がコバルトブルーだった。二匹合わせてクックになるのだった。毎朝わたしが「ミド、ファド、レッシー、ソラオ、ミー、ミー」と呼ぶと、親子五匹がわたしの書斎からちょんちょんちょんと出てくるのだった。

やがてミーは、子猫たちを寄せつけなくなった。それは厳しいものだった。わたしたち夫婦はミーとその子どもたち、玉、チビを次々に病院に連れていって避妊の手術を受けさせたが、これは大変な出費だった。病院でも気の毒に思ったのか一匹につき二〇〇〇円を安くしてくれた。

もうこれ以上、子猫が増えることはあるまいと思っていたやさき、ある日突然小さい白猫が縁側にきて、ごろりと横になった。見るとオッパイが子猫に吸われたあとがあった。これが、チビシロだった。

チビシロに連れられてきたタロー、ジロー、オセローは、チビシロとともにわたしの書斎を占領した。タローー、ジローは真っ白い子猫で適当な名前がなく、しかたなくそう呼ぶことにした。オセローはホルスタインと呼ぶほうがぴったしの黒と白の点在した模様だったが、わたしは「オセロー」と名づけた。

同じ頃、三匹の子猫が近くの石材工場の石捨て場に捨てられていたのを知らせてくれる人がいた。三匹は、わたしがいっても捕まらなかった。しかし、翌日朝、あかい一匹が押しかけてきて、タロウ、ジロウたちに紛れてチビシロのオッパイを吸うようになった。これらの猫たちも全部大きくなるのを待って手術した。

ミーとチビシロは子猫たちを残して自分は姿を消した。ミーは同じ部落の家に押しかけ、その家の娘に可愛がってもらっているらしい。チビシロは自分の家に戻っていったらしい。

わたしの家では猫の餌代が大変で、わたしの小遣いや大学での講義料は吹っ飛んでしまう状態である。特にミド、ファド、レッシー、ソラオは、けずりっこ（かつおぶし）が大好きで、玉は歯が悪くなり、貝柱の缶詰めをミキサーで砕き、牛乳とあわせて流動食にしてたべるのだ。

最近になって、今にも死にそうな大きな猫が、やっと廊下に上がってきた。この猫は他の猫たちにどんなに攻撃されても逆らわず、ひたすら餌を食べ続けた。その「非暴力・不服従」の姿勢に感じ、わたしはガンジーと名づけた。

タローとミドが交通事故で亡くなり、現在、チビ、玉、ファド、レッシー、ソラオ、オセロー、アカ、ジロー、ガンジーの九匹が残っている。妻は冬寒くないようにと、中庭をガラス戸で囲い、書斎に炬燵とストーブをいれている。わたしが散歩すると、猫たちはぞろぞろとついてくる。わたしの後ろを一列になって歩くように指導している。

わたしはこうして猫たちに慰められながら、町が建設する一般廃棄物最終処分場に反対して、二度の町長選挙を戦い、地域の問題に関わって生きている。

こうした生活を楽しく、明るく書いてみたいと思っている。

なお、この本『教師の仕事を愛する人へ』の感想・批判などありましたら、どうぞわたしのもとにお寄せください（住所・電話・ＦＡＸ番号は奥付の著者紹介の下にあります）。

二〇〇〇年一月二六日

佐藤　博之

佐藤博之（さとう・ひろゆき）

1933年、福島県田村郡小野町に生まれる。早稲田大学教育学部卒。６年間の記者生活をへて1963年、福島県に帰り、中学教師となる。1994年、定年退職。

この間、全国生活指導研究協議会福島支部代表を20年、東北ブロック協代表を４期つとめる。退職後は、福島大学、桜の聖母女子短期大学で非常勤講師として生活指導・生徒指導の講座を担当。

著書：『教師・北に生きる』（高文研）『はばたけ、山の子』（日本教育図書出版）『集団づくりによる学級改造―中３』『学級会の議題づくり12カ月』『日直の任務と指導』『君の可能性・中学時代をどう生きる』『学級開きと１年間の見通し』（以上、明治図書）

住所：福島県田村郡小野町大字浮金字原287
電話：0247-73-2762（FAXも同じ）

教師の仕事を愛する人に

●二〇〇〇年　三　月一〇日――――――第一刷発行

著　者／佐藤　博之

発行所／株式会社　高　文　研
東京都千代田区猿楽町二―一―八
三恵ビル（〒101＝0064）
電話　03＝3295＝3415
振替　00160＝6＝18956

印刷・製本／株式会社シナノ

★万一、乱丁・落丁があったときは、送料当方負担でお取りかえいたします。

ISBN4-87498-233-6 C0037